文春文庫

手紙のなかの日本人

半藤一利

手紙のなかの日本人　目次

建礼門院の「消息」から――〝まえがき〟にかえて　9

屹立する親鸞　温かい親鸞　17
――仏の御恩を報じまゐらせたまふになりさふらふべし

闘う宗教人にして詩人　日蓮　27
――昼夜耳に聞くものは、枕にさゆる風の音

簡潔無比の織田信長　39
――猿帰り候て、夜前の様子、つぶさに言上候

「逆順無二」　明智光秀のクーデタ　49
――本能寺において信長父子を誅し、素懐を達し候

婦唱夫随の秀吉とおね 61
——ゆるゆるだきやい候て、物がたり申すべく候
細川ガラシャ 貞女か烈女か 71
——御心に入候て御うれしく候
歪曲された淀どのの哀れさ 81
——江戸にもわもじをする〴〵と誕生にて御入り候
大高源五の孝子の面目 91
——是かぎりの文にてござ候
裏も表もない良寛禅師 103
——ハイ今日は雑炊の味噌一かさ下されたく候。ハイサヤウナラ
苦闘する煩悩の人 小林一茶 115
——長々の留主、さぞさぞ退屈ならんと察し候へども、病には勝たれず候

気宇壮大すぎた佐久間象山　127
——丁度大たらひの下にはまぐり貝御座候様に見え申し候
吉田松陰　穏やかにして気魄あり　139
——僕は忠義をする積り、諸友は功業をなす積り
天馬空を征く　坂本龍馬　149
——一人の力で天下動かすべきは、是また、天よりする事なり
勝海舟と西郷隆盛　政治家と革命家　161
——現時に臨み候ては此の勝先生と、ひどくほれ申し候
乃木静子の死と「母の訓」　171
——女大学をよく〳〵御覧相成たく
よき父親の夏目漱石　183
——御父さまは此手紙あおむけにねてゐて万年ふででかきました

永井荷風における「女の研究」
——しみぐお咄し致す折もあるべきかと、それのみ楽しみに致し候　195
山本五十六　名をも命も
——月明の夜叉は黎明を期し全航空兵力を以て全滅を期し敵を強襲す　205
「サムライたれ」と説く小泉信三
——君の出征に臨んで言って置く　215
香淳皇后の微笑のかげに
——B29は残念ながらりっぱです　225
「遺書」と「恋文」のことなど——〝あとがき〟にかえて　235
参考文献　245
解説　〝傾斜〟　半藤末利子　248

手紙のなかの日本人

本文デザイン・イラスト　中川真吾
DTP制作　エヴリ・シンク

本書は、二〇〇〇年十一月に刊行された
文春新書版を底本としています

建礼門院の「消息」から

――〝まえがき〟にかえて

何年か前に、久曾神昇著《きゆうそじんひたく》『平安時代仮名書状の研究』（風間書房）で、建礼門院の自筆消息の図版を眺めたことがあった。そのとき、ちょっとしたショックを覚えた。いま思い直してみればそんなにびっくりすることではなく、平清盛の女《むすめ》である建礼門院平徳子は実在のひとであるし、すでにかな文字もできている時代であるから、かなまじりの消息（手紙）があっても何の不思議も不自然もない。さりながら、ひごろ『幽燈録』（通称『壇之浦合戦記』）や能の大原御幸なんかでしか建礼門院に馴染みのないこっちには、情けないことにこれが本物とピーンとくるまでに時間がかかったのである。それに正直に「眺めた」と書いたが、うるわしい水茎のあとがさっぱり読めないのにも、呆れかえりながら大いに恥入った。

ともあれ、建礼門院の消息を原文にてご紹介する。

　廿二日にゐんの御所へいらせをはしましさふらふらん御うしうしかいまいらせられ候なんやしはしはあの御所にてさふらはんするにて候

これでは何のことかさっぱりである。句読点や濁点や漢字などをいれて現代風に直して、少し読みやすくすると、廿二日に院の御所へいらせおわしまし候らん。御大人《うし》、牛飼いまいらせられ候なんや。しばしは、あの御所にてさぶらわんずるにて候。

これでもダメな方のためにあえて現代語訳を試みると、「二十二日に院の御所へ移らせられることなんでしょうか。あのお方さまは牛を飼っていらっしゃるんでしょうね。しばらく、あなたはあの御所におられたほうがよいでしょうね」というところか。とにかく、誰か親しい人に、院の御所へ移るのか確かめ、当分そこで滞在することを勧めたものとみてとれる。ついでに、どなたか高貴な方が慰みに牛を飼っていることをも尋ねている。徳子さんはかなり世話好きの、かつ野次馬的好奇心の強いおなごであったらしい。残された手紙というものにはそんなこっちの勝手読みというか、類推なり想像なりが自在にできる楽しさがある。

この先はちょっと煩《うるさ》い講義となるけれども、「手紙」という語は江戸時代から用いられたもので、それまでは書翰《しょかん》、尺牘《せきとく》、消息、玉章《たまずさ》、玉信、書状、往来など、いろいろな名称があった。いずれも中国の用語で、輸入されてきたもの。なかでわたくしが好むのは「雁《かり》の便り」という言い方で、同じように雁書《がんしょ》とか雁札《がんさつ》とか雁の使いともいったりする。前漢の時代、蘇武という勇将が匈奴に捕らえられ、帰ることを許されなかったため、彼は雁の脚に手紙を結びつけて放った。その文が都にとどき蘇武の生存が知られたという故事による。『万葉集』にも、雁の使いを詠んだ歌がいくつもある。たとえばその一首。

天飛ぶや雁を使に得てしかも奈良の都に言告げやらむ（巻十五　三六七六）

書くまでもなく、いにしえの手紙は漢文であった。そして文句なしに誰もが記憶する最古の書状は、聖徳太子が遣隋使《けんずいし》の小野妹子《いもこ》に持たせて、隋《ずい》の煬帝《ようだい》に送った国書。西暦六〇七年のことというから千四百年前のことで、中国の文献『隋書』に載っている。「日出処天子、致書日没処天子、無恙」（日出づるところの天子、書を日没するところの天子に致す。つつがなきや）。煬帝カンカンになって「蛮夷の書、無礼なるものは復《ま》た以て聞くこと勿《なか》れ」といったとか。中学生のころに習った記憶がある。

この漢字輸入の日本国は、こんどは漢字を国語に移し、日本式に読むという独特の用法を生む。いわゆる宣命体、万葉体である。これをつかって奈良時代には唐朝の儀礼にならって、手紙の形がきちんと作られることになる。平安時代になると、かなが女性用として生まれ、宮廷の女官たちによってしきりに用いられ、手紙は次第に類型化をたどる。王朝物語の『竹取物語』『落窪物語』『源氏物語』などに、このころの消息文いわゆる手紙が散見できる。ただし、この時代の手紙の実物はいま一通も存在していないという。それから鎌倉・室町時代となって、さらに和漢混淆の文体が出来上がる。手紙の様式もますます形式化されていく。模範手紙文例集が作られるのもこのころからである……。

こうして日本においては、手紙の形式はすっかり確立した。厳格と言ってもいいほど、きちんと定められた。紙の質、折り方、大きさ、書式、用語にいたるまできちんとした形が出来上がった。それこそ日本文化の一つといえる手紙文化が形成されたのである。それで、それにのっとって誰もが手紙を書いた。書くことができた。ちょっと型破りなのは、織田信長、豊臣秀吉、坂本龍馬といった天才たちである。

と、文字と手紙の歴史を書き綴っていこうとするとやたらに長くなる。書く方が退屈であるから、読む方はもっと退屈であろう。で、以下は略すが、それでも、たとえば「候《そうろう》」文体が一般に用いられるようになったのは鎌倉時代以後、ということぐらいは覚えておいても損はないかも……。

いまはそうした形というものが崩れてしまい、それで手紙を書くのがいっそう億劫になっている。といって、新しい形式が開発されそうにもなく、寂しい世の中になった。その一方で、IT革命の時代とか、情報化時代とかいう声がしきりである。電話の無茶苦茶な普及、電波利用の拡大、コンピュータ利用の多様化と、とにかくうるさくて、忙しくて、慌ただしい世の中が作り出され、それらはますます隆昌発展を極めようとしている。目まぐるしくて老骨にはとうていついていけない。勝手にしやがれ、という心境である。

けれども、人の世のそもそもが、「世を捨てて山に入るとも味噌醤油、酒の通い路無くてかなわじ」といって、山奥に隠遁しようとも炭焼爺さんに託して里のよろずやにときに便りの一本もしなくてはならない。それで手紙というすごくいい通信手段ができたのである。が、いまはすべての用事を電話ですませてしまう時代となった。それで現代人は手紙というものをほとんど書かなくなっている。なるほど、相手が肉声と化して出てくるという便宜はみとめられるが、口に出してしまえば味もそっけもない場合だってある。わが心情を吐露するには、肉声よりも文字のほうが勝っていることは、ラブ・レターをいちどでも書いたことのある人なら誰しも認めることであろう。相手の心に訴え、正しく伝えるためにも精妙で、いつまでも残る説得力ある通信手段としては、なんといっても手紙である。音声はその場かぎりのもの、建礼門院の手紙でわかるように、文字は無限のものなんである。

然り、過去をすべてつまらないものと軽蔑するのは愚の骨頂である。美しい文字で綴られた、心のこもったいい手紙*は、どんな時代になろうと、読むものの心を豊かにしてくれる。何といっても、手紙にはその人らしさがもっともよく表れるからである。歴史上の人物でも手紙をとおしてみると、その人と面談しているような気にさせられる。

本書を、歴史のなかのいろいろな人と、一杯やりながらの会話を楽しむつもりで書いてみた。この三倍くらいの人々と会いたいとおもっているが、とりあえず手はじめの二十二人というわけである。

＊　幸田露伴の「尺牘説」に実によきことが書かれている。

「尺牘は能く尽くすを以て佳となし、至って簡なるを以て巧となし、趣あるを以て妙となす。能く尽くして、而して至って簡、而して趣ある、これを最上乗となす。語多くして意を尽くさず、辞繁にして簡なるを得ず、文飾って趣をなすなき、これを三短となす。三短あって一長なき、これを最悪となす」

自分の伝えたいことをきちんと伝える、しかも簡にして要をえ、かつその人らしさが文面にでていれば、それがいい手紙というわけである。手紙の書き方はこの露伴の言に尽きていると思われる。

屹立する親鸞

温かい親鸞

親鸞といえば『歎異抄』である。この書は親鸞の死後三十年たって、弟子の唯円が記した。ということは、成立は十三世紀の終りということになろう。親鸞の没後、多くの門弟たちが「真信」（まことの信仰）から逸れ、世に異端・邪説が横行した。そのことを歎く、という形で信仰、いや親鸞の信念が説かれている。それだけに書かれている言葉の激越さに、人は思わず目を見張る。ここには、

「善人なほもて往生をとぐ、いはんや悪人をや」

「親鸞は弟子一人ももたずさふらふ」

「わがこゝろのよくて殺さぬにはあらず」

箴言名言のようにこれらの言葉を記憶するが、そのショッキングな言葉の前に、いわば立ち竦んでしまい、一字一句に親鸞がこめたものの意を深く考えてみようともしない。

『歎異抄』第三条にはこうある。

「善人なほもて往生をとぐ、いはんや悪人をや。しかるを世のひとつねにいはく、悪人なほ往生す、いかにいはんや善人をや。この条、一旦そのいはれあるににたれども、本願他力の意趣にそむけり。そのゆゑは、自力作善のひとは、ひとへに他力をたのむこゝろかけたるあひだ、弥陀の本願にあらず」

親鸞がいうのは、一言でいえば、悪人こそ慈悲の対象なのだ、大事なのは「仏の慈悲にひとえにすがる」という心なのである、ということになろうか。

　では、悪人とは？

親鸞は承安三年（一一七三）に藤原の流れをくむ日野有範の子として生まれた。以仁王の平家打倒の令旨が発せられたとき八歳。九歳で仏門に身を投じ比叡山に登ったが、僧としての地位はきわめて低かった。そして十三歳のとき平家滅亡を見る。この時代は律令体制の確立しているときで、もろもろの宗教もまた体制のなかに組み込まれている。あとから登山してきた若僧たちが家柄がよいという理由だけで、つぎつぎに親鸞を追い越してゆく。

かれはこの比叡山で現世の虚偽と空虚さとを見てしまう。宗教が救済の対象としているのは、貴族階級にかぎられる、という酷薄きわまる現実を。富裕であり、いくらか学問もある貴族階級とそれにかぎりなく近い人びとが、善人とされる不合理な社会を。そして、体制から疎外されている人びとは、この世では所詮は「悪人」であり、すべては前世の宿業によって人生は定められている。「悪人」とはそのような存在であって、「救われざる悪人にしてなお往生す、いかにいわんや善人をや」というのが、この世の救いの常識であった。

　親鸞は苦しみぬいた。「石、瓦、礫のような」救われざる悪人と、おのれ自身を見定める。そうなると、自分の行くべきところは地獄しかないではないか、叡山での命懸けの宗教的体験のなかでそう自覚したのである。さりとて、宗教の本然を希求するかれは、弥陀たすけ給えの「他力」を信じきった念仏者にとどまってはいられない。ずるずると崩れ落ちるような苦悩のなかで親鸞は何が真の信仰かを求めてあがく。

こうして二十年経ち、二十九歳になった。このとき、六角堂に参籠し勃然として夢の告げをえて、東山吉水の法然上人の念仏門を叩く。しかし、法然が教えたことは、末世の世の救いは念仏以外にない、ただそれだけである。そんなことは叡山において学んでいる。親鸞は百日間も吉水に通いつづけ、法然の信仰体験のうちから、真に信ぜられることだけを学びとろうと必死になった。

自力念仏に苦しんだ絶望感と無力感の果てに、こうして親鸞は一条の光をみたのである。「地獄がすみか」と観じぬいた〝悪人〟親鸞が救われるのは、裸のわが身を仏の前にさらけだす、他力の念仏者となるほかはない、とみずから開眼したのである。もう迷いはない。親鸞は専修念仏の人となった。

親鸞の「善人なほもて往生をとぐ、いはんや悪人をや」には、こんな下手な解説ではとうてい達し得ない深い意味がこめられているようなのである。受けとりようによっては、これほど危険な毒を含んだ言葉はない。なぜならこの考え方をそのまま論理的に推し進めると、念仏さえ唱えれば人を殺そうが、社会的常識にいかに反逆しようが、なんら罪にならずという思想に辿りつくやもしれないではないか。自分の生存を賭けたぎりぎりの決断と、ギラギラとした宗教的情熱によって語られたものゆえに、生半可な理解ではかえって人を誤ることになる。

親鸞はこうして法然門弟の重要な一人になり、三十五歳まで京都でラジカルな念仏の布教をつづけた。当然のこと、古代仏教の延暦寺と興福寺の念仏宗排撃の弾圧がはじまる。承元元年（一二〇七）の法難に連座し、越後の国府（直江津）に流される。ここで恵信尼と結婚し、のち新しい布教の地を関東に求める。親鸞四十二歳のときである。かれは常陸の稲田を中心に田夫野人の生活をいとなみつつ、それから二十年のあいだ念仏の布教にすべてをささげた。

親鸞が京都に帰ったのは文暦二年（一二三五）ごろ、すでに六十三歳である。師法然の亡きあとの京で、弾圧に抗しつつ、一方でようやく起ってきた念仏の異端・邪説にたいして、ひたすら著述をとおして、他力の正しさを闡明《せんめい》することに力を尽くした。

そうした苦闘をつづけながら、親鸞はあえて「弟子一人ももたずさふらふ」と、『歎異抄』で言い切るのである。そのあとの言葉を意訳すれば「念仏とは、弥陀の慈悲によって、弥陀から授かったもの。わが弟子だ彼の弟子だということのあろうはずがない。人間はつく縁があればつき、離れる縁あれば離れる」と突っぱねる。これは本当に凄まじい言葉というべきかもしれない。孤立無援の思想、あるいは、四周はみな敵の覚悟、といってもいいであろう。

が、親鸞のこの言葉がわたくしたちの胸をうつのは、あに宗教についてばかりではないからである。学問の世界また然り。真理の前に師も弟子もあったものではない。絶対者と人間とはじかに向き合うべきもので、媒体が介在すると不純なものとなる。しかし、わたくしたちはその覚悟のつねにさだまらず、愛とか友情とか、師とか先輩とかで馴れ合っている。

＊

それにしても、『歎異抄』の親鸞は、烈しすぎる。自分は徹底的に救われない人間である、救われない人間は地獄の住人だから、ただ法然さんを信じているだけよ、という親鸞のビクともしない信仰の激しさ強さにぶち当たると、こっちはたじたじとなるだけである。「覚悟ができとらん」「甘ったれめ」と、大いなる人に鞭うたれるような痛みをともないつつ、いつもこれを読む。

しかし、こんな風に親鸞はいつだって断崖のふちに立っているような、厳しい相貌の人なのであろうか。『歎異抄』だけを読んでいると、天下独往の剛毅そのものの人、という印象からなかなか抜け出せない。でも、もし親鸞その人が書いたものを読んでみれば、そこにはもう少し違う親鸞上人がちょこんと座っているのではないか。

さっそくに、多く残されている直筆の手紙をみてみたいが、親鸞の手紙では、長子善鸞を義絶したときのものがよく知られている。血縁者としての地位を利用した善鸞が、関東において、念仏停止《ちょうじ》にからんで〝直弟たちが間違った教えを説いている〟と誣告《ぶこく》し、

「自分こそが親鸞より直接、念仏の真意を得た」と言い触らした事件である。この事件は晩年の親鸞をもっとも心痛させた（訳して引用する）。

ありもしない虚言をいったことは父を殺すことになるのです。これも五逆の一つです。その驚きは言葉の及ぶところではありません。いまはもうお前の親ということはありえません。また、子と思うことも思い切りました。このことを三宝と神明にはっきり申しました。悲しいことであります。

このとき親鸞は八十四歳である。手紙の文章は、言葉を荒立てず、強さというよりも、むしろ悲しみにみちている。が、一言一言のもつ力は、万感の思いがこめられているだけに、計り知れない深さがある。

また同日、弟子の性信に一書をおくり、子息義絶のことを知らせている。「かへすがへすあさましふこゝろうく候」「こゝろうく、うたてきことにさふらふ」と繰り返し「情けない」落胆の気持を率直にあらわにしている。ここには悲嘆にくれる人間親鸞の、父親としての親鸞の姿だけがある。

こうしたよく知られたものではなく、あまり触れられない手紙にも、まことにあり難い教えもある。その一つ、長文ゆえにその一部を原文で引用しよう。

凡夫なればとて、なにごともおもふさまならば、ぬすみをもし、ひとをもころしなんどすべきかは。もとぬすみごゝろあらんひとも、極楽をねがひ、念仏をまうすほどのことになりなば、もとひがうたるこゝろをもおもひなほしてこそあるべきに、そのしるしもなからんひとぐに、悪くるしからずといふこと、ゆめ〳〵あるべからずさふらふ。煩悩にくるはされて、おもはざるほかにすまじきことをもふるまひ、いふまじきことをもいひ、おもふまじきことをもおもふにてこそあれ。

関東の弟子たちにあてた教えの手紙である。これも意訳すればこうなろうか。

《愚かものだからといって、どんな事でも思い通りにするなら、盗みもし、人を殺してもいいのでしょうか。以前盗み心を抱いたことのある人でも、極楽を願い、念仏を唱えるほどになったならば、もとの悪心をも思い直し、改めることこそ当然であります。なのに、その心のない人に、悪いことをしても構わないなどと言うことは、決してしてはなりません。そういう人は煩悩に狂わされて、思いもかけない、してはならないことをし、言ってはならないことをも言い、考えてはならないことをも考えるのであります。》

なんと、もの静かに教え諭していることか。親鸞の人となりがそのまま文面に表れている。もう一通をあげてみる。

これにつけても、御身の料はいまさだまらせたまひたり。念仏を御こゝろにいれてつねにまうして、念仏そしらんひと〴〵、この世、のちの世までのことを、いのりあはせたまふべくさふらふ。御身どもの料は、御念仏はいまはなにかはせさせたまふべき。たゞひがふたる世のひと〴〵をいのり、弥陀の御ちかひにいれとおぼしめしあはゞ、仏の御恩を報じまゐらせたまふになりさふらふべし。

《それにつけても、あなたの浄土への道はいまはっきり定まりました。念仏をお心に入れて常に唱えて、念仏を謗るような人びとの、この世や、のちの世までのことを、一緒に祈り合わせてください。あなたたちの定めがきまったいまは、念仏を何に役立てる要がありましょう。ただねじけた世の人びとのことを祈り、弥陀の誓いに入るよう思い合わせられるならば、それこそ仏の御恩に報じることになりましょう。》

『歎異抄』の文章とやや異なり、この柔らかさは親鸞の人柄、いや、こころの柔らかさそのものである。嚙みくだいて分かりやすく話しかけるように書かれているところが、実にいい。超越者としてではなく、ともに悩み、ともに涙している親鸞がここにいる。こうなれば席を同じうしてつき合える。浄土真宗の日本全土への広まりのそもそもは、ありがたい教義より以上に、こうした開祖親鸞の温かい人間性に基本があったように思えてならない。

親鸞は九十歳までの生涯を、御恩報謝の念仏布教にささげつくして、弘長二年（一二六二）十一月二十八日、浄土における永遠の生をこころから信じてこの世を去った。

闘う宗教人にして詩人　日蓮

日蓮の生涯は「法難」によって語ることができる。その法華経信仰にたいする激しい弾圧と、それを雄々しく克服する、関東武士的な敢闘精神で戦い抜く、その連続が彼の一生である。みずから「大難は四ケ度、小難は数知れず」といっている。「大難」とは松葉ケ谷法難、伊豆法難、小松原法難そして龍ノ口法難をいい、どれも日蓮の命にかかわるような深刻な情況にあった。そして「法難」を乗り越えていけばいくほどに、日蓮の宗教心はいよいよ高揚していった。

日蓮は承久四年（一二二二）に、千葉県安房郡小湊で漁師の子として生まれた。近くの清澄山で出家、鎌倉へ出、京都へ上り、さらに南都・北嶺・大和の碩学を訪ね、勉学と修行を重ねる。そして三十二歳のとき、法華経こそ真の宗教との信念を確立して小湊へ帰ってきて、日蓮宗をひらき、既成教団と真っ向から衝突する。これらを「念仏無間・禅天魔・真言亡国・律国賊」としりぞけ、布教活動での苦闘は熾烈の一途をたどった。

文応元年（一二六〇）に「立正安国論」を著し、これを鎌倉の北条幕府に提出した直後の八月二十七日、鎌倉松葉ケ谷の彼の草庵が法敵に襲われて炎上、彼が命からがら逃げ延びたあたりから、弾圧はよりひどくなっていく。

このときは房総方面にいちじ避難し、やがて鎌倉へもどって布教活動を再開したが、弘長元年（一二六一）五月十二日にこんどは幕府に捕らわれ、伊豆国伊東に流罪となる。

これが第二回目の法難である。

伊東にあること二年、文永元年（一二六四）久し振りで故郷へかえった不屈の日蓮は、そのあたり一帯で伝道の歩を進めていく。ところが、十一月十一日の夕暮れ、小松原にさしかかったとき、かねて機会をうかがっていた地頭の東条景信の手勢数百人に待ち伏せられ、幾人かの弟子と信者が殺されるという激しい戦闘をくりひろげた。日蓮も眉間を切られ、腕を折られたが、助勢もあってこの重囲から逃れることができた。

そして四回目は――蒙古よりの圧迫が加わり、疫病、飢饉や大地震と天変地異も頻発、物情騒然たる文永八年のこと。このとき、日蓮は執権北条時宗をはじめ幕府の主たる人びとに警告状を発した。相手により文章は別々であるが、趣意は一貫していた。すなわち、

「去ぬる文永五年後の正月十八日、西戎大蒙古国より、日本国を襲ふべきよし牒状を渡す。日蓮が去ぬる文応元年に勘《かんが》へたりし立正安国論、少しも違はず符合しぬ」

とまず予言の正しさを指摘し、この末世五濁悪世は邪教の横行、仏陀の意志に背いた人のみが集合しているからであると言い放つ。

さらに、予言どおりの蒙古襲来はこのような日本国の衆生への戒めであるといい、にもかかわらず、せっかくの日蓮の言葉を用いないばかりではなく、悪口雑言までいうとは余りのことである。というのも、日本国の上下万民が法華経に背いて、長い歳月をへ

ているから、その大禍がつもりつもって、大鬼神が人びとの身に入り、蒙古の牒状に驚いて性根を抜かれ狂っているからである。そう日蓮は気魄をこめて論じたのである。

幕府は、もちろん、これを黙殺したばかりではなく、日蓮を捕らえて佐渡へ流罪と決定する。この佐渡へ流される前に、ひとまず佐渡領主の本間屋敷にとどめられることになり、その屋敷へいく途中、龍ノ口で一群の武士に襲われる事件が起きた。危うく斬首されるところを奇蹟的に免れる。これが龍ノ口の法難といわれている。いずれにしても法難をつぎつぎに、法華経への絶対帰依の思想によって克服する壮烈な日蓮の姿は、感動的といってもいい。そして多くの人に救いの期待をもたせるに充分な精神力がある。

このあと、佐渡にあることあしかけ四年、許されて鎌倉へ帰ると、ふたたび幕府に熱心に「蒙古を調伏するには法華経以外の経の祈禱を行ってはならない」と諫言するが、どうしても聞かれない。それならばと、個に沈潜する道を決してえらばず、不退転の闘いをつづけるところが日蓮の生き方なのである。

しかし、結局、幕府は彼の言葉を信用しなかった。それが明白となったとき、日蓮は鎌倉を立ち去る決心をする。こうして日蓮は現在の身延山西谷に落ち着き、それから六十一歳までの八年間の草庵生活をはじめる。文永十一年（一二七四）五月のことである。それも蒙古軍によってやがて蹂躙《じゅうりん》されるであろうそのあとの日本に、「南無妙法蓮華経」のみは残したいとの信念による。そしてその年の十月、「今年こそ蒙古の来寇がある」と予言したとおり、蒙古の大軍が九州筑紫の浜に押し寄せてきた。

こうして身延の山中に落ち着いたものの、四度にわたる受難は日蓮の五体に深く影を落とし、また身延山中の厳しい自然のもとの生活は、その身体をおもむろにむしばんでいた。日本国が二度目の蒙古襲来を迎撃した翌年の、弘安五年（一二八二）を迎えたとき、下痢の病いがひどくなり、衰弱も日ましにはげしくなっていた。そこで常陸の温泉に病いを養い、かつ今生の思い出に故郷の地をも訪ねようと、九月八日に栗鹿毛の馬にゆられて住み慣れた地を去る。しかし、すでに遅かった。日蓮の残された命数はもはや尽きていたのである。十月十三日、武蔵の国池上の池上宗仲の家（現・池上本門寺）で日蓮は六十一歳の生涯を閉じた。

＊

――と、その一生の素描を綴るだけでも、波瀾万丈、凄まじいばかりの闘いの生涯には目を見張らざるをえない。感嘆を禁じえない。孤立無援での既成宗教への批判攻撃は徹底しているし、鎌倉幕府への抵抗もまさに命懸けである。そうでありながら、伊豆流罪地では、著した「四恩抄」に「人間に生を受けて是ほどの悦は何事か候べき」とあり、むしろ悦びとしている。さらには法難が最高潮に達したときの戒めが、「開目抄」「滅劫御書」にのべられている。「天の加護なき事を疑はざれ。現世の安穏ならざる事を歎かざれ」「大悪は大善の来るべき瑞相なり」と。迫害こそが知恩報恩の法華経の行者たることを証明する、といわんばかりの、この強烈な確信、この激越な反骨、この激しい使命感、そしてこの一神教的な闘争心。いずれも日本人離れをしている。

ところが、この闘いの人にして、と言いたくなるほど、残された書簡がいいのである。文は人なり、とすれば、いい知れない人間的な温かさが溢れている。あるいは手紙こそが、日蓮という宗教人にして詩人の本質というものを、いちばん正しく語っている、といっていいのかもしれない。今日に伝えられる日蓮の書簡は四百通、内容も筆遣いも多種多様であるが、それらには何物によっても煩わされぬ、悠然とした達人の境地が、文学的な格調と華麗さをもって書かれている。まさしく内村鑑三が『代表的日本人』に書くように「日蓮は、本当は心やさしい、涙もろい、多感な人」であったことが、手紙をとおしてよくわかる。

文永八年十月九日、佐渡への出発を明日にひかえて、日蓮は鎌倉の土牢に捕らわれの身となっている弟子日朗にあてて書き送っている。

日蓮は明日、佐渡国へまかるなり。今夜のさむきに付ても、ろうのうちのありさま、思ひやられていたはしくこそ候へ。あはれ殿は、法華経一部色心二法共にあそばしたる御身なれば、父母六親・一切衆生をも、たすけ給べき御身なり。法華経を余人のよみ候は、口ばかり、ことばばかりはよめども、心はよまず。心はよめども、身によまず。色心二法共にあそばされたるこそ、貴く候へ。「天諸童子　以為給使　刀杖不加毒不能害」と説かれて候へば、別事はあるべからず。籠をばし、出させ給候はば、とく〳〵きたり給へ。見たてまつり、見えたてまつらん。恐々謹言。

この内容は、といえば、翌日に死の島といわれる佐渡へ遠流される人の書簡とは、とても考えられないくらい、優しいものなのである。「あはれ殿」の「殿」はもちろん、日朗への尊称である。「法華経一部色心二法共にあそばしたる」、あなた様は法華経八巻を心に深く受容し、身に実行している、という意味である。あなたはそういう尊いお方ですから、安楽行品のなかで「天の諸々の童子が来たりて給仕をつとめる。そして刀も杖も毒もその人を害することはできない」と説かれているごとく、あなたの身には別段心配なさるような事は起こらないでしょう。「籠をばし、出させ……」の「ばし」は当時の言葉では意味を強める助詞で、「牢をでたら」の意。出牢されたら、ただちに訪ねてきて下さい、と頼んだあと、最後に「見たてまつり、見えたてまつらん」という気持がいっぱいの言葉がでてくる。すなわち「私はあなたを見たいし、あなたに見られたい」とは……。情が深くこもりすぎているの感あり、情緒纏綿といったらいいか。こうして明日はみずからが流刑地へ赴く日蓮の思いは、弟子の身の上だけにそそがれている。

身延山に隠棲した翌年の、建治元年（一二七五）四月の、曾谷教信にあてた手紙はかなり長文であるが、その一部、佐渡に流された当時を回想したところを――。

鎌倉を出しより、日々に強敵かさなるが如し。ありとある人は念仏の持者なり。野を行き山を行くにも、そばひらの草木の風に随てそよめく声も、かたきの我を責むるかとおぼゆ。

やうやく国にも着きぬ。北国の習なれば、冬は殊に風はげしく、雪ふかし。衣薄く食乏し。根を移されし橘の自然にからたちとなりけるも、身の上につみしられたり。栖には、おばな、かるかやおひしげれる野中の三昧ばらに、おちやぶれたる草堂の、上は雨もり、壁は風もたまらぬあたりに、昼夜耳に聞くものは、枕にさゆる風の音、朝暮に眼に遮るものは、遠近の路を埋む雪なり。現身に餓鬼道を経、寒地獄に堕ちぬ。彼蘇武が十九年の間胡国に留られて雪を食し、李陵が巌窟に入て六年蓑をきてすごしけるも、わが身の上なりき。

たどりゆく道々で念仏宗徒の罵声やら石つぶてをうけ、やっと着いたところは「野中の三昧原」。つまりは墓地。そのへんに死者を弔うために建てられた一間（二メートル四方ほど）の堂で、日蓮は寝起きすることになる。彼は孤島の流罪地に、死者をすてるがごとくに捨ておかれたのである。

この「おちやぶれたる」お堂で、「衣薄く食乏し」く暮らす日蓮は、耳に「枕にさゆる風の音」を聞き、眼に「遠近の路を埋む雪」を見る。不適切な表現かもしれないが、筆運びのスムーズさはさながら道行きの艶麗さを思わせる。回想であるためか、いっそう美文的な名文になっている。しかも蘇武がでてきたり李陵が登場したり、比喩の巧みさはこっちの胸にぐいっと迫ってくる。まさに文章家の名文である。

一種の調子をもっている名文をもう一つ。身延へ入って九ケ月ほどしたころ、故郷の近くから「あま海苔」が送られてきた。その礼状の一節である。

東は天子の嶺、南は鷹取の嶺、西は七面の嶺、北は身延の嶺なり。高き屛風を四《よつ》、ついたてたるがごとし。嶺に上ってみれば草木森森たり。谷に下てたづぬれば大石連連たり。大狼《おおかみ》の音《こえ》、山に充満し、猨猴《ましら》の鳴き、谷にひびき、鹿のつまをこふる音あはれしく、蟬のひびきかまびすし。春の花は夏にさき、秋の菓は冬なる。たまたま見るものは、やまがつが薪をひろふすがた、時時とぶらふ人は昔なれし同法《ともども》なり。彼の商山の四皓《しこう》が世を脱し心地、竹林の七賢が跡を隠せし山かくやありけむ。

と、山、谷、狼、猿、鹿とを上手に配列し、比喩も巧みに、いま住む酷烈な自然と閉ざされた空間を浮かび上がらせた後に、「あま海苔」を戴いた喜びへと、筆は進みいく。

今此のあまのりを見候て、よしなき心おもひいでて、憂くつらし。片海、市河、小湊の磯のほとりにて、昔見しあまのりなり。色形味わひもかはらず。など我父母かはらせ給けんと、かたちがへなるうらめしさ、なみだ押さへがたし。

「あま海苔」を戴いて故郷を思い出している。味や色は自分の幼いときと変わっていないのに、父や母はもうこの世にいない。涙を押さえることができないと。出家それも宗祖としては、女々しすぎると思われそうな文章である。そこが日蓮の本領といえばいえそうである。人間を離れず人間のなかで苦悩し、苦闘していく。民衆の一人として現実に生き、成育し、ともに人間の悩みを解決する道として仏教の神髄を求めていった。書簡はそうした日蓮の人間性が率直に示されている。この人もまた、おっかないばかりの人ではない。

最後にもう一通、日蓮が五十九歳のとき、千日尼という女性へおくった手紙を。愛する夫との死別にたいする慰めの手紙である。

男は柱のごとし。女は桁《なかわ》のごとし。男は足のごとし。女人は身のごとし。男は羽のごとし。女は身のごとし。羽と身とべち〴〵に（別々に）なりなば、なにをもつてか飛ぶべき。柱たふれなば桁地に堕ちなん。家に男なければ、人のたましひなきがごとし。

（中略）ちりし花も又さきぬ。落ちし菓も又なりぬ。春の風もかはらず、秋のけしきもこぞのごとし。いかにこの一事のみ変りゆきて、本のごとくなかるらむ。月は入りて又いでぬ。雲はきへて又来る。この人の出でゝかへらぬ事こそ、天もうらめしく、地もなげかしく候へとこそおぼすらめ。いそぎ〱法華経を粮料《ろうりよう》とたのませ給て霊山《りようぜん》浄土へまゐらせ給て、みまゐらせさせ給べし。

年々歳々花相似たり、されど人の世は……と、人の世の無常を、日蓮は自分のことのように言をつらねて悲しんでいる。

簡潔無比の織田信長

織田信長の書簡となると、つとに知れ渡っているのは、秀吉の正室のおね（のちの北《きたの》政所《まんどころ》）にあてたユーモラスともいえるそれである。安土城にいた信長のもとに、沢山の土産《みやげ》をもって、秀吉の名代としておねがご機嫌伺いに参上した。信長はたいそう喜び、いろいろともてなした。無事ご機嫌伺いをすませて帰ったおねのあとを、追いかけるようにして届けられた手紙である。現代人にはいささか判じ難い文面になっている。

おほせのごとく、こんとはこのちへ、はしめてこし、けさんにいり、しうちやくに候。

という具合なのである。これを読みやすく漢字入りにすると、

「仰せの如く、今度はこの地へ、はじめて越し、見参にいり、祝着に候。」

となる。さらに訳せば、そなたの言うように、こんどこの安土へはじめて来られ、会うことができて嬉しく思った、という喜びの表明である。このあと、お土産品のお礼があり、お返しの品をと思ったが、適当なものもない、次の機会に何か考える、とあって、いよいよこの手紙の眼目のところとなる。

就中、それのみめふり、かたちまて、いつそや見まゐらせ候折ふしよりは、十の物

廿ほとも見あけ候。藤吉郎れん〲ふそくの旨申のよし、こんこたうたん、くせ事に候か。何方を相たつね候とも、それさまほとのは、又二たひかのはけねすみ、あひもとめかたきあいた、これよりいこは、みもちをようくわいになし、いかにも、かみさまなりに、おも〲しく、りんきなとに、たち入候ては、しかるへからす候。

これを現代語訳してしまうと、かなり妙味がうすれるが、あえて訳す。

《それよりも何よりも、そなたの眉目うるわしさ、容姿まで、いつぞやお会いしたときよりも、十のものが二十ほどもきれいに見上げました。なのに、藤吉郎は何かと不足を申す由、言語道断で、とんでもない心得違いである。どこを尋ねたところで、そなた様ほどの方は、二度とふたたびあのはげ鼠が、相求めることはできないのであるから、これから後は、気持を明るくもって、いかにも正室らしく、重々しく振る舞われ、悋気《りんき》などをごちゃごちゃ焼いてはなりませんぞ。》

以下、ただし夫の世話をするのは女房の役目ゆえ、言いたいことをすべて言わぬようにするのも、大事である、なんて訓戒もちょっぴり述べている。そして署名は「のふ」とのみ。つまり「信」。思わず三拝したくなるような、優しさ、気楽さである。

ここで気付かせられるのは、秀吉が「はげ鼠」というあだ名を、信長につけられていたらしいことである。画像なんかに描かれた秀吉をみると、なるほど、よくぞつけたりの感がしないでもないところが、実におかしい。が、秀吉のあだ名は御存知「猿」ではなかったか、の疑問が余計なことながら残る。そのことについても、たしかな史料としての信長の手紙が現存している。細川藤孝、丹羽長秀、滝川一益、明智光秀の四人あてで、日付は天正五年（一五七七）三月十五日のことと推定される。

猿帰り候て、夜前の様子、つぶさに言上候。まづ以て然るべく候。又一若を差遣はし候。其の面、油断なく相聞え候といへども、なほ以て勢を入るべく候。各辛労、察せしめ候、今日の趣、徳若に申越すべく候なり。

冒頭の猿は、言うまでもなく秀吉である。これで秀吉が猿といわれていたことが明確になる。手紙が貴重な史料である所以《ゆえん》である。そして手紙は、その秀吉が帰ってきて昨夜の様子をくわしく報告した。まずはそれでよかろうと思うが、なお油断なく一層努力せよ、と信長が武将たちにはっぱをかけている。信長の戦いぶりがおよそ察せられる文面になっている。

それにしても、その日付からみると、このころ紀州の根来・雑賀の一揆軍を掃討せんと、武将たちは総出陣していたときである。秀吉も当然のことながら、草履《ぞうり》取りとか足軽大将なんかではなく、長浜に城のある十二万石の大名になっている。その彼を、他の武将への書簡で「猿」よばわりするとは……。いろいろ考えさせられる面白さがある。

ところで、ここまで信長の手紙と書いてきたものの、信長の真蹟はほとんどない。現存する手紙は百通を超えるというが、正確にはほとんど信長の祐筆の手になり、自筆はほんの二、三通にすぎないという。今日にいう口述筆記である。そして日付の下に信長の署名や花押が書かれ、印章が押されている。印章では永禄十年（一五六七）、美濃の斎藤氏を滅ぼしていらいの、ご存じ「天下布武《てんかふぶ》」が押されているのが多い。

一般に祐筆書きといえば、文書のきまりどおりの、型にはまった面白みの薄いものばかり、といっていい。ところが、信長は違う。迅速を好む人柄ゆえ、事務的な文面が多いのであるが、そこはそれ、さすが信長である。どれにも彼らしい簡潔さ、直線的な鋭さがみられる。さきの、いきなり「猿帰り候て」の書き出しなんか、余人にはとても見られない爽快さである。祐筆の手になるとはいえ、信長のしゃべりがそのまま伝わってきて、えらく信長が身近に感じられてくる。

また、秀吉夫人おねあてもよそゆきでないざっくばらんさがある。それに信長は見かけによらず、なかなかにおんな心にも、通じていたようではないか。

もう一通、十八歳と最も若いころの手紙も例に引いておく。

竹の事申し候ところ、弐十本給はり候。祝着の至りに候。なほ浄看申すべく候間、省略候。恐々謹言。

竹を所望したら二十本送ってきた。その礼状である。大事にするつもりである。あとは略すなんて、傑作な文章ではあるまいか。

このように書簡は、この天才的武人の性格をそのままに示している。男らしく、きっぱりとしていて、その上に柔らかい心ももっている。ところが、政治的人間としての信長となると、そうはいかない。そこがこの人の面白さといえばいえるのであるが……。

＊

信長は、天文三年（一五三四）、四囲すべて敵の、尾張の一豪族の子に生まれた。そして、非凡な発想と独創にみちた行動によってあたりを平定し、「天下人」になったのは、実に天正四年（一五七六）という早さなのである。琵琶湖に面した安土に、日本最初の七重の天主閣をもつ城を築き、完備した城下町をつくり、楽市楽座を中心にした革新的経済政策を実行と、やることなすこと当時の人びとの理解をはるかに超えた。兵農分離や方面軍制戦闘組織などに至っては、もはや近代人の意識をもっていた。

書簡の簡潔さが示すように、政治人間信長の根本にあるのは徹底した機能主義である。書簡の様式が破天荒なのも、彼が中世的な繁文縟礼《はんぶんじょくれい》をうるさがったゆえである。おそらく、中世的な伝統や秩序や教養などは虚飾にみちた阿呆の世界、と映じていたにちがいない。

信長がすべての人間に要求したのは、あくまでも合理的な機能であって、かびのはえた伝統や、湿っぽい忠誠心などではなかった。鳴く機能をもっている時鳥《ほととぎす》が、もはやその機能を失ったというのであれば、飼っておく必要はないのである。癇癪《かんしゃく》持ちとか残忍ということではない。彼にあっては家柄とか門閥とかは鳴く機能を失った時鳥みたいなもの。ゆえに世間のしきたりや、形式万能の風潮を完膚なきまでに打破した。そのことは考えてみるまでもなく近代の合理精神に通じている。その意味で信長の思想と行動は、徹底した合理性につらぬかれており、非情なまでにしたたかな現実主義の上に立っていた。

しかし、現実には、彼の思想と行動とが、まったく理解されないのであるから、多くの人びとを恐怖にかりたてた。専制君主としての強圧が人びとの不安をよりつのらせた。たとえば、比叡山焼き討ちがある。今になっても極悪非道のことのように説くひとともいるが、歴史的事実は非が明らかに比叡山側にあることを示している。第一に、朝倉・浅井と結んで敵対する山門に対して、信長はきちんと外交交渉の誠意をみせている。そのとき出した信長の条件は、

一、信長に味方するなら奪った山門領はすべて返還する。

二、味方になれぬなら中立を守れ。
三、そのいずれものめぬなら根本中堂をはじめ山王二十一社すべて焼き払う。
という内容である。これに山門はひと言の返事もしなかった。尾張の小せがれ風情に何ができるか、という無言の宣戦布告は、いってみれば三百年間の山門の横暴と驕慢に根ざし、背景には強大な武力がある。修行の山でも、仏の山でもなくなった比叡山は、信長にとっては、鳴かぬ時鳥にすぎなかった。

こうして時代とまったくかけ離れた個性が、時代に圧しつぶされずに、時代の方を征服したのである。理解もされないままに。信長のすごさがそこにある。しかし、同時に信長の悲劇が、時代を超越した合理性と新感覚にあるのも、また事実である。

天正十年（一五八二）六月二日、明智光秀謀叛と聞くと、信長はみずからも槍をとって防戦したが、衆寡敵せず、本能寺に火をかけて、自害する。享年四十九。あまりに早い死であった。

歴史探偵のわたくしは、信長を葬る陰謀の陰に朝廷筋ありとにらんでいる。なぜなら、少しく思い当たる節があるからである。

信長は執拗に朝廷にいって元号を「天正」に改めさせた。天正六年、「天下が定まるまで右大臣の職を辞する」と申し出て朝廷をあぜんとさせている。天皇から任命される官職に就きたくなかったのである。天正九年、正親町天皇に対して突然に譲位を強要する。同じ年、関白近衛前久をはげしく罵倒し、朝廷の祭祀のあり方を批判した。また、天正十年、朝廷の暦製作権にも介入している。

改めて説くまでもなく、改元・皇位継承・官位叙任権・祭祀（国家祈禱）、そして暦製作権は、建国以来保持してきた天皇の至上最高の権限である。日本古来の自然発生的な儀礼的秩序といっていい。その朝廷の秩序にことごとく信長は異をたてた。

若いころの信長の、興味深い言葉が、『明良洪範続篇《めいりようこうはん》』という書物に残されている。

「王という者は如何様なる者にて候や。厨子などに入れて置く者か、または人にて候や」

信長の王すなわち天皇観が偲ばれる。ましてや天正十年ともなれば、いまやおのれが独裁する日本国という主権国家がここにあり、そのなかの儀礼的最高位としての天皇なんかはいらない、という極限のところにまで信長の思想は達していた、とみてもいい。いまでいう「天皇機関説」もいらない、となれば、信長自身が国の家父長としての権限も行使する、つまり天皇になるほかはないのである。

信長は、朝廷とか公家社会といった中世的常識とは無縁であった。それゆえに、その政治的行動が近世への重い幕を開こうとしたが、逆に、その無縁さゆえに結果として自分の命を滅ぼしてしまったことになる。

『信長公記《しんちょうこうき》』に描かれた信長の最期の言葉はこうである。

「明智が者と見え申し候と、言上候へば、『是非に及ばず』と、上意候」

ただの一言。これまた簡潔この上ない。「是非に及ばず」と戦いつつ死ぬ。いかにも信長にふさわしかった。

「逆順無二」
明智光秀のクーデタ

天正十年（一五八二）六月二日、「敵は本能寺にあり」と、明智光秀は織田信長を襲撃し自刃に追いやった。本能寺の変である。

その変の直前の五月二十七日、光秀は、京の北西に鎮座する愛宕権現の西ノ坊に、連歌師の里村紹巴《じょうは》らを招き、百韻連歌の会を張行《ちょうぎょう》している。この連歌がなかなかに意味深長で、さまざまな思いにかきたてられる。

発句は折からの季節を詠んだ光秀の、

時は今あめが下しる五月かな

である。「時」は「土岐氏」……光秀の出自が暗示されている。その人があめ（雨と天《あま》とを掛けて）の下をしろしめす、すなわち天下をとる時、と、なみならぬ光秀の気負いがにじむ。殺気と言い換えてもいい。

これをうけて、行祐が「水上まさる庭の夏山」と脇をつけると、紹巴が、

花落つる流れの末をせき留めて

と、花（信長）の首が落ち、時代の流れが変わる、まるで謀叛の成功を暗示するかのような第三の句をつけた。これだけでもオヤッと思わせられるのに、この百韻のおわりのところは、もっと天下取りが明瞭である。

縄手《なわて》の行衛《ゆくえ》ただちとはしれ　光秀

いさむればいさむるままの馬の上　昌叱

うちみえつつも連《つ》るる伴《ともな》ひ　行祐
色も香も酔ひをすむる花の下　心前
国々はなほ長閑《のどか》なる時　光慶

昌叱と行祐のつけ合いの微妙さ。これを受けて、もうかくなれば前進あるのみ、と心前がやれば、光慶は「天下取りは疑いなし」、後の世は天下太平と謳わんばかり。しかも、この挙句は亀山城内に瘧《ぎゃく》の病で寝ている総領の光慶の名で光秀が詠んだものなのであるから、自信満々の気味も窺われ、まことに興味津々たるものがある。要は、一座のものがみな光秀の反乱の計画を知り壮途を祝っていたとみれば、いちばんすんなりと納得がゆく。

ところが、そうではなくて逆なんである、という解釈も一方にある。光秀は謀叛という背徳行為を決意するには躊躇があり、身悶えするほど迷いに迷い、心をこめて愛宕権現の神籤《みくじ》を引いた。なおも解き放たれず三度引き直し、いずれも大吉と出たのでやっと思い定めた。そんな風に気弱いことなので、それと察した紹巴が、身の破滅ともなるやも知れぬ謀叛を思い留まれよの意をこめて、「流れの末をせき留めて」と詠んだ、とする解釈もあるらしい。これではまことにふやけたものになる。「敵は本能寺」の覇気がなくなってしまう。

こうした迷いを振り切った出陣にさいしての光秀の偈《げ》（遺言）がある。これがいい。

逆順無二門（逆順無二の門）

大道徹心源（大道は心源に徹す）

五十五年夢（五十五年の夢）

覚来帰一元（覚め来たって一元に帰す）

《反逆か否か、逆順は別物ではなく、一つである。ただわが心に従って大道をゆく。生涯五十五年は一期の夢、その夢より覚めれば死生は一元の境にある。》

権謀術数のただならぬ時代なのである。力ずくで生き抜くことしか許されてはいない。終わってみればすべては夢の如し。光秀の覚悟のほどは、いかにも今日的ではある。

また、もう一つ、伝えられている光秀の言葉に、味わい深いものがある。

「仏の嘘をば方便と言ひ、武士の嘘をば武略と言ふ。是を以て之を見れば、土民百姓は可愛きことなり」

虚偽、不正、不義、破廉恥など、世のすべての悪も、権力者なら許される。この不条理も戦国の世なればこそ。まともに生きようとしている民衆は哀れで、可愛いというのである。

ここには光秀の時代批判の目が光っている。同時に、それはそのまま権力者としての自己批判にも通じている。知識人的な弱さにもなっている。これある故に、主君を殺害した謀叛人にもかかわらず、光秀という人間の内奥には、どろどろした〝悪〟のおぞましさがまったくない。なにか乱世の不運な犠牲者の面影すらあるのである。

＊

ところで明智光秀という戦国武将の生い立ちや成長過程であるが、『明智軍記』という俗書によるしかない。これが作り話ばかりの小説に近い本で、およそ信憑性はない。享禄元年（一五二八）三月、美濃明智の庄に生まれる、としても、十代二十代三十代は、すべて不明。質のいい史料に光秀がはっきりと登場してくるのは、永禄十一年（一五六八）が初めてで、四十一、二歳のとき。つまり、記録に残せるほどの家柄ではなかった、ということか。

それから四年目の元亀二年には坂本に城を築く。異常な出世ぶりである。人使いに異能の才をもつ信長に重用されたのであるから、才腕の人一倍優れていたことは確かである。有能な武将というだけではなく、朝廷の公家衆や寺社の知識人と堂々とつき合えた。故実や和歌の伝統に詳しい、知識にも礼式にも秀でた文官でもあったのである。

その光秀がなぜ信長に叛いたのか。真相は実のところ、いまだに謎に包まれている。推理はさまざまになされてきた。わが見解は前章の信長のところで書いておいたが、ここでは一般論についてふれてみる。

まず第一に、怨恨説がある。母を見殺しにされた恨み、ささいな失敗をとがめられ、打擲《ちょうちゃく》や侮辱をうけた口惜しさ、などなど。

二が野望説。これがいちばん単純で、分かりやすい。武将たるもので天下をもぎ取る夢を描かなかったものはいまい。

三が内通説で、光秀が以前より武田勝頼と連絡し、信長を一気に倒す計画をねっていたというのである。それが露見しかけたための不安から、先手を打った。もっともミステリアスな説ということになる。

いずれにしても想像である。まことしやかな憶測というほかはない。ただし、ここに証拠ともみられる書簡が残されている。信長を討ち取ったその日に、光秀は毛利の武将小早川隆景にあてて、つぎの密書を送った。全文を引く。

急度飛檄《ひげき》を以て言上せしめ候。こんど、羽柴筑前守秀吉事、備中国において乱妨《らんぼう》を企つる条、将軍御旗を出だされ、三家御対陣のよし、まことに御忠烈の至り、永く末世に伝ふべく候。然らば、光秀事、近年信長に対し憤《いきどお》りを懐き、遺恨もだしがたく候。今月二日、本能寺において信長父子を誅し、素懐《そかい》を達し候。かつは、将軍御本意を遂げらるゝの条、生前の大慶これに過ぐべからず候。此の旨、よろしく御披露に預かるべきものなり。誠惶誠恐。

六月二日　惟任《これとう》日向守

小早川左衛門佐殿

冷静で事務的な筆致のうちにも、行き届いた心やりが見事である。侵攻した秀吉軍を迎え撃って旗を進めた将軍とは、当時、備後の鞆の浦にいて毛利を頼っていた亡命将軍の足利義昭のこと。三家は、書くまでもなく毛利・吉川・小早川の三家を指している。

そして、これでみると、信長にたいする憤激と黙っていられない遺恨が、光秀の胸中に燃えていたようである。が、それが何かについては、手紙の文面からだけではやっぱり不鮮明というほかはない。ただものすごく心外の重大事があったことだけはわかる。

しかも、ちょうど一年前の天正九年六月二日、光秀は「明智軍規」を制定した。その末尾で「自分は石ころみたいな沈淪《ちんりん》の身を信長公に召し出された上に、莫大な兵を預けられるようになった」と、恩恵に感謝の意を記している。すなわち光秀の叛意はそれから蹶起までのこの一年間に生じた、とみられる。そこに史料に残らなかった何かがあったに違いないのである。

興味深いもう一通に、本能寺の変から七日目に、親友の細川藤孝（光秀の娘婿忠興の父）へ、味方をしてくれと緊急な依頼をした、よりいっそう事務的な自筆の書簡がある。読み下し文にすると、

……大身をいだされ候て、御入魂こひねがふ所に候事。

国の事、内々摂州を存じあて候て、御のぼりを相待ち候ひつる。但・若の儀、思召し寄せ候はば、これもつて同前に候。指合《さしあわ》せきと申しつくべく候事。

我等不慮の儀存じたて候事、忠興など取立て申すべきとての儀に候。更に別条なく候。五十日百日の内には、近国の儀、相堅むべく候間、それ以後は十五郎、与一郎殿などに引渡し申し候て、何事も存じ間敷《まじ》く候。委細両人申さるべき事。以上。

六月九日　　　　　　　　　　　　光秀

《家老など大身のものとともに、是非とも味方してほしい。進呈すべき領地としては、摂津をと考えて待っている。しかし、但馬・若狭をもというのなら、それでもよい。手配してそうさせる。
自分の今度の思いもかけない行動は、婿の忠興などを取り立ててやりたいと考えたためであり、他に目的はない。この五十日、百日のうちに、近畿を平定する。それ以後は十五郎（光秀の嫡子）や与一郎殿（忠興）に譲って、自分は引退する。詳しくは使いの両人が説明するであろう。》
もちろん、当時信長麾下の武将たちはいずれも、遠隔の地にあって強力な敵と対峙していて、急を知ってもすぐに京都へ馳せ戻ることのできない状況下にあった。光秀としては、慌てずとも、着実に畿内を中心とする地盤固めの余裕がある。そう考えていたとしても、この書簡からは、計算高く、あくまでも理性を失わない官僚的な体質の人が浮かび上がる。天下を取った男の熱気と闘志とがほとんど感じられないではないか。

いや、書簡にあるように、本気で引退するつもりであったのであろうか。

そういえば、秀吉が計算外の速さで備中高松から引き返してくるまで、光秀が京でやっていたことといえば、朝廷へ多額の金を献じたり、五山をはじめ大徳寺や妙心寺にこれまた多額の銀を寄付したり、瀬田大橋を修復したり、洛中市民の税を免じたりである。天下いまだ定まらぬとき、およそ主殺しをやってのけた武人のすることではない。事務官僚の仕事である。

こう光秀像を描いてくると、謀叛の動機が自然に明瞭になる。信長がその直前に、光秀にたいして行ったことはただ一つ。光秀の現在の所領を没収し、毛利領の出雲・岩見を斬り取り次第それを与える、という理解不能な出撃命令だけである。

これでは戦勝できればいいが、予期どおり進まなければ、所領は無になってしまう。主君の命とはいえ、理不尽もいいところである。しかも、うまく勝利をえたとしても、出雲地方では都から遠く追われたにひとしく、いまや朝廷と敵対しつつある信長にとって、光秀は不必要な男となったことを意味している。光秀には、己の前途は真っ暗と思えたに違いない。乱世を生きる自信を喪失し、官僚光秀は心底から戦慄したのである。

光秀の謀叛は恐怖からである。信長に密着して生きてきただけに、その性格を熟知している。いよいよ天下布武した信長の「恐怖政治」を、だれよりも痛烈に感じている。スターリン治下のソ連官僚や軍人が感じた粛清の恐怖といったら、分かりやすいか。

光秀は思った、いつか抹殺される。免れるためには、滅ぼされる前に滅ぼすほかはないのである。そこへ反信長となった朝廷筋からの誘いが、というか懇切な頼みがあった。立たざるべけんやと光秀は迷いつつも決意する。五十五年は一期の夢なのである。謀叛ではない。天下のため、大義のためのクーデタなのである。二通の書簡はそうした光秀の胸の底の底にある想いを語っている。

それで朝廷からの誘いについにのった。しかし、秀吉の迅速な中国路からの大返しが、「恐怖政治からの解放者」という大義名分を世論が認めるだけの僅《わずか》な時間を、光秀に与えてはくれなかった。そこに光秀の不幸がある。

六月十三日、山崎の合戦に敗れ、小栗栖《おぐるす》の竹藪で落人狩りに襲われ、光秀は重傷を負った。

「これまでだ。首をはねよ[*2]」

おのれの正義の理解されぬまま、光秀は推定五十五歳の生涯を終えた。

＊1　光秀の「黙っていられなき遺恨」を物語るようなもう一通の書面がある。明智左馬助光春に与えた感状である。わかりやすく書き改めると、

「……殊に夜前の一戦に兼ねての鬱憤を散じ本望の至り、殊にその許種々骨折のためひとしお祝着に存じ候。兼定の太刀一振を当座の褒賞となし之を遣わす。帰国の上、急度沙汰に及ぶべし。謹言。

六月三日

明智日向守光秀」

信長を殺害した翌日のもの。筆者は東行澄という老臣らしいが、もちろん署名は光秀である。これでみても「兼ねての鬱憤」とあり、世評どおり怨恨説が浮かびあがる、ということになろうが、「謀叛は恐怖から」という自説はひるがえさないことにする。

＊2　光秀の首については、『明智軍記』では家臣の溝尾庄兵衛がもはや逃げられないとなって、首を泥中深く隠して自身はどこへともなく逃げ失せた、そして秀吉が十五日に捜し出してきた光秀の首実検をした、という英雄の末路あわれむべし、という話になっている。しかし、冷静に考えてみると、真夏の真っ直中に二日間も泥中に埋まっていたのである。その上に面体の分からぬほどに傷つけたともいわれている。こんにち流の科学調査でもしなければ、これぞ光秀の首だと判定することは無理というものである。結局は、秀吉が勝利を日本国中にひろしめるための宣伝で、どこの誰ともしれない首を光秀のものと認めることにして粟田口に晒したとみるのが正当であろう。で、光秀の墓があちこちにある理由もなるほどと合点がいく。

婦唱夫随の
秀吉とおね

豊臣秀吉の正室は俗に「ねね」といい、寧々と書く小説などが多い。これは誤伝であって、正しくは「ね」であるようである。秀吉の書簡の宛名には「おね」とある。「木下家譜」などには「寧子」と書かれたりしているし、呼ぶときには「ねえ」と長く発音したらしい。のちの呼称の北政所とは、関白の正室ということで、これは秀吉が関白になった天正十三年（一五八五）以後のことであり、高台院の号は秀吉が死去したので剃髪して、尼になってからである。

高台院となってから書かれた手紙に、よく知られた一通がある。元和元年（一六一五）の五月十九日付けのもので、京都東山の閑居から出されている。例によって句読点・濁点などをいれ、少し読みやすくして全文を引用する。

御のぼり、目出たく思ひまゐらせ候。大坂の御事ハ、何とも申し候ハんずる言の葉も御入り候ハぬ事にて候。まづ〱、申し候ハんとて、いつも〱、御ねんごろの御事にて御入り候へども、ほど遠くおハしまし候へバ、文にて御うれしさ申し入り候事も御入り候ハで、心より外に思ひまゐらせ候。こゝ程にて、もし、我〱に似合ひ候御用の事候ハゞ、御心おかず承り候べく候。又、この御かたびら二十、うつくしくも御入り候ハねども、もしやと、御見参に入れ候。まことに御音信の色ばかりにて候。めでたく、かしく。

十九日　　　　　　　　　　　　高台院
　　　おほさき　　　　　　　　　ね
　　　　少将殿

《御上洛のこと、目出たく思いおります。大坂の御事は、何とも申し上げる言葉もない次第でございます。まずまず、お便りをと思いながら、いつもいつも、御丁寧なお手紙を戴きますが、御遠方にいらっしゃるので、手紙でこちらの嬉しい気持を申しのべることをついつい怠りまして、心外に思いおります。私に何か似合いの御用がございましたなら、ご遠慮なく承らせて戴きます。また、この帷子《かたびら》二十は、たいして美しくもございませんが、もしもお気に入られるのではないかと思いまして、お贈りいたします。まこと、お便りのしるしばかりでございます。めでたく、かしく。》

下手な現代語訳では、彼女のやわらかいニュアンスが伝わらないようである。実は、この書簡は微妙なところを巧みにサラリと流し書きしているのである。

あてさきの大崎少将、つまり伊達政宗が四、五日前に手紙を寄越した。見舞いなのか、おねの現在の心境を探っているのか、分かりかねるような手紙であった。政宗は東西反目の直後から、「秀頼殿を人質にすべし」と家康に進言していた反豊臣派の武将である。高台院はそのことをとうに承知している。とにかく得体が知れない。

なぜなら、元和元年といえば、五月七日に大坂城は炎上、八日に豊臣秀頼と淀どのの母子が自決した。大坂夏の陣である。伊達政宗は徳川軍の先鋒をうけたまわり、六日には道明寺付近で、豊臣勢と戦いこれを打ち破った。その政宗が京都に凱旋してきて、その直後に書を寄越す。裏にいかなる魂胆があるのか計り知れない。

そう思って読むと、あの大事のあとにも動ずることなく、「何とも申しあげる言葉もありません……」とさりげなく突っ放しながらも、相手の気持を損ねないように気くばり充分な返事であることが分かる。よく言われているように、淀どのへの嫉妬のまじった許せぬ思いが、高台院の大坂見放しになった、というようなチッポケなものではない。さすが太閤の正室なりという貫禄を、おねという女性に感じないわけにはいかない。

＊

おねは杉原助左衛門定利というものの次女で、天文十七年（一五四八）に生まれた。のちに叔母の嫁ぎ先の浅野又右衛門長勝の養女となり、桶狭間の合戦の翌年の、永禄四年（一五六一）の八月、十四歳で、当時二十五歳の木下藤吉郎と称していた秀吉と結婚した。秀吉が入り婿のかたちでの結婚であったし、身分は貧しい足軽同士で祝儀はいたって手軽であったという。

その後おねは、全力を尽くし夫を援けた。夫婦ともに頭の回転が速かったので、その会話はそばで聞くと喧嘩をしているようであったと、古文書に記されている。留守を守り、社交につとめ、下人たちに慕われるよき妻となる。いわゆる糟糠《そうこう》の妻である。こうした妻と生涯を共にした点では、秀吉は源頼朝と似ている。しかし、頼朝の正室政子と違って、おねは男勝りのところもありはしたが、根は温順な女性であった。

こうして貧しさのなかで苦労を重ねつつ、おねは二十六歳にして、大名の奥方に出世する。秀吉が湖北十二万石を織田信長から賜わり、三十七歳で、長浜城主となったからである。

歴史はその九年後に転換する。信長が明智光秀のために自害させられた。本能寺の変である。その光秀を秀吉が山崎の合戦で打ち破り、主仇を晴らす。翌年、秀吉は信長にかわって日本の統一に着手し、大坂城を築き、さらに翌年には近畿・北陸を平定し、四十九歳で関白に任官した。同時に、おねは北政所と尊称される。ときに三十八歳。と、こう年譜風に書いてしまうと、どうということのない順風満帆の人生ということになってしまうが、その間のおねの内助はなみなみならぬものがあったのである。そうした彼女の一面を知るのに格好の史料が、秀吉のおねあての手紙であろうか。

たとえば秀吉が長浜城主となったころの一通がある。城主となったについて、町衆の年貢や諸役を免除したところ、それを聞きつけた近隣の農民たちが「それならわれわれにも」と城下に集まってきた。怪しからんことだ、というので、秀吉は逆に政治方針を引き締めようとした。このとき、町衆がおねに「お助け下さい」と頼ってきたので、おねがそれならばと乗り出したものらしい。結局は、秀吉がおねの意見に従うことにしたとみえる。手紙にはこうある。

……それさま御ことわりにて候まゝ、町の事ゆるし申し候。よく〳〵此のことわり御申し聞かせ候べく候。

《お前さまの意見をもっともと思ったので、前々通りとするが、この心づかいをば、よく町の人びとに伝えるように。》

おねの夫操縦力がどんなものであったか、よく分かる話である。彼女の均衡のとれた政治感覚と熟達した人間洞察とが、いかに秀吉を助けたかを語る話でもある。

こうしたおねの、腹黒いところのまったくない、多くの人に頼られる、闊達な人柄が見事に働いて、豊臣という巨大な天下が造り上げられた。足軽の女房あがりとしては、最高の栄誉をえたことであり、大満足というほかはなかったであろう。不幸は、自分の子供を生むことができなかった、という一事につきる。

その不運もあって、秀吉は生涯に十数人の側室や愛妾を擁するようになる。有名なのはおねより十九歳下の淀どのをはじめ、松の丸どの、三条どの、加賀どのなどがいる。おねとしては心寂しいことではあったことであろうが、そこは性格も明るく、大らかな人柄である。焼き餅やきの北条政子の荒れ狂い振りとは大分異なる。『絵本太閤記』などには、おねと淀の方の感情的対立のことが、面白おかしく書かれているが、事実は、おねは嫉妬に身を焦がすといった浅ましいことは、ついぞ見せることはなかったのである。確実な文献には、醍醐寺の花見の宴席で、淀どのと松の丸どのとが争ったのを、北政所が仲裁をしたという記事が見えるだけである。そして四十六歳のとき、淀どのの腹から秀頼がうまれたが、おねはわが子のようになさぬ子を可愛がっている。

秀吉もまた、そうしたおねに完全に寄り掛かっている。外見からは、利口な奥方が立派な夫をやんわり手玉にとっている、といった図といえようか。天正十八年（一五九〇）四月十三日付けの、小田原陣中から京都の聚楽第に留守しているおねに出した秀吉の手紙には、思わず吹き出してしまう。天下統一の大事業をなし遂げるため、長陣に耐えている、とした上で、

各々へも申し触れ、大名どもに女房を呼ばせ、小田原に在りつき候へと申し触れ、右の如くに長陣を申しつけ候まゝ、其のために、淀の者を呼び候はん間、そもじよりも、いよ〳〵申しつかはせて、前廉《まえかど》に用意致させ候べく候。

なんのことはない、大名にも女房を呼び寄せてよいと命じた。ついては長陣の無聊を慰めるため、「淀の者」つまり淀どのを小田原に寄越すように、とおそるおそる奥方の御機嫌を伺いつつ、頼んでいるのである。当時としては珍しく妻妾の序列をきちんと弁《わきま》えている、といえばいえそうであるが、頼まれる方がよほど度量が大きくないと、簡単にことは運ばない。おねの心の大きさがよく偲ばれる。

また、文禄元年（一五九二）、朝鮮の役のさいに、肥前名護屋に陣を構えた。このときも秀吉はいちいちおねに報告している。そして「そもじに続き候ては、淀の者、我らの気に合ひ候」と、「一番好きなのはお前さん」と手放しでやっている。ただし「二番目は淀どの」とぬけぬけというあたり、いかにも秀吉らしい。そのほかにも楽しい手紙がいくつか残されている。

五月六日付けのものは、宛書きに「おね」としてある。

……舟をそろへ申し候て、やがて、あとの人数をも越させ申すべく候。唐《から》をも取り申すべく候間、そもじの迎ひを目出たく進ずべく候。

「舟を揃えて押し渡って、やがて唐の国をも手に入れて、お前さまをお迎えするつもりだ」と大言壮語している。

さらには、こんな愉快な一文もある。翌年八月三日付けのもので、いくらか余裕も出来たので、九月十日ごろには名護屋をたち、帰坂する予定である、と書いた後に、

九月廿五六日頃には、大坂へ参り申すべく、せつかく御まち候べく候。ゆるゆるだきやい候て、物がたり申すべく候。

ゆるゆるだきやいて、「ゆっくりと抱きあって物語しよう」とは。ときに秀吉五十七歳、おね四十六歳、いやはや御両所、相当なものと申すほかはない。「おねへ」「大かう」とこのラブ・レターは結ばれている。

秀吉は、朝鮮再出兵の最中に六十二歳で病死した。おねが五十一歳の年である。その翌年、秀吉の遺言によって、淀どのが七歳になった秀頼を連れて、大坂城の本丸に入った。おねは夫とともに築き上げてきたすべての栄誉と財宝を芥のように捨てて、京都三本木の邸宅に移る。

さっぱり、すっきりした性格の彼女は、こうと決めたらくだくだしい未練や繰り言をいっさい口にしなかったであろう。いってみれば、おねと秀吉とは人生の同伴者であり、戦友であり、共同事業者なのである。いまその事業が終わった。その事業所であった大坂城を捨てるのに何のためらいのあろうはずもない。いくら堂々と、美しく聳え立とう

と、いまとなっては、それは所詮形骸にすぎない。あっさりともともとの足軽の女房にもどって、夫の菩提を弔う。そこがもっともおねらしい特質なのである。

冒頭の伊達政宗あての手紙は、くだくだしいものをすべて捨てきった傍観者としての心境を、おねが素直に語ったもの、と読みとるべきなのかもしれない。

寛永元年（一六二四）九月、おねは七十七歳で生涯を終えた。

細川ガラシャ
貞女か烈女か

芥川龍之介に『糸女覚え書』という細川ガラシャ夫人の死を主題にしたシャレた短篇がある。例によって史料をうまく料理して、自由におのれの想像を馳せるという芥川独特の歴史小説である。大正十二年十二月の発表で、関東大震災の三カ月後のこと。劫火のなかに生涯を終えたガラシャへの連想は、あるいは震災の凄惨な体験のうちに、生まれでたものかもしれない。

ガラシャ夫人として知られる戦国時代の悲劇の女性は、本名は玉、永禄六年（一五六三）の生まれ。ガラシャは洗礼名で、漢字で伽羅奢と書いた。明智光秀の三女で、十六歳のとき、同い年の細川忠興《ただおき》のもとへ嫁いだ。当時、忠興の父の藤孝（幽斎）は、織田信長のもとで光秀の組下であったし、盟友でもあった。それに、この結婚は信長の命令によるものである。実際に信長は媒酌人を買ってでているし、「夫婦雛《めおとびな》を並べたようにかわいいな」と評した言葉も残されている。

天正十年（一五八二）六月二日、まさに驚天動地の事件が起きた。本能寺の変である。父の光秀が主君信長を討つ――この瞬間に、玉は「謀反人の娘」という重く暗い運命を背負うことになる。

細川の一門は、光秀から味方に誘われたが、これに応ぜず、かえって羽柴秀吉側についた。六月十三日、山崎の合戦で秀吉に敗れ、光秀は山城の小栗栖《おぐるす》で死に、時を前後して明智一族は滅びた。ひとり生き残った「謀反人の娘」に、細川の家臣が自害を勧めたが、玉はこれを拒否した。いま自分がここで自死すれば、亡き父の遺志に添うことができるかもしれないが、夫の忠興の命を待たずに死ぬことはできない、というのである。玉を愛する忠興は、後刻それを知らされたが、いまさら死を命ずることもできない。といって、世間の目もある。やむなく玉を離別して、かつての細川領地である丹波の山奥の味土野という廃村へ幽閉した。

元上智大学学長ホイヴェルス師が書いた演劇『細川ガラシア夫人』は、その地で忍苦の生活を強いられた彼女を「天下の最も美しい夫人は二十歳にしてストア哲学者にならなければならなかった」ものとして描き、そのつらい生活のなかから、やさしいカトリック教徒の心情が「こぶしの花のように咲き出でた」と謳《うた》いあげているという。

また、そのころの玉が詠んだとされている歌が何首かある。

さだめなき心と人を見しかども
　つらさはつひに変らざりけり

忘れむと思ひすてでもまどろめば
　強ひて見えぬる夢のおもかげ

こうして細川ガラシャが誕生する悲劇の道すじは、人びとの心をうつ歴史物語となっていく。そして玉は貞女の誉れ高き人、美しき女人、聡明な人、そして心に強きものを秘めもつ女性というイメージに仕上げられていった。

幽囚の生活も二年たって、徳川家康が間にはいり、秀吉からの忠興への説得もあって、玉は忠興の妻として復活した。天下人となった秀吉の政策で、大名の家族は大坂に住むことを強制されていたゆえ、忠興は大坂の玉造に屋敷を構えていた。もちろん玉はそこへ移住する。そして、天満にあったキリシタンの教会堂を玉が訪れたのが天正十五年(一五八七)、秀吉の伴天連《ばてれん》追放令が発せられた直後に受洗する。

彼女の入信についての資料はきわめて少ない。が、一通の手紙が残されている。昭和十三年(一九三八)、ローマで天正当時の宣教師の記録が発見され、そのなかにセスペデス神父あてのガラシャの手紙が記録されている(ただし現物はない)。その翻訳の一部を。

神父様ご存知の如く、キリシタンと相成候儀は、人に説得されての事にてはなく、唯一全能の天主の恩寵により、私がそれを見出しての事にまかりあり候。(中略)マリアと私とは、いかなる迫害が、越中殿(忠興)より、はたまた関白殿(秀吉)のいずれより来り候とも、すでに覚悟を極め、その機に臨んで、天主の愛のためになんらかの苦難のでき得ることを、喜びいる次第に御座候。

きわめて強固な意志による入信であることがみてとれる。ちなみにガラシャとは、神の恩寵・恵みを意味するラテン語である。

世に知られているガラシャ夫人の最高のドラマは、このあとにくる。秀吉の死後慶長五年（一六〇〇）七月、石田三成が徳川家康を討とうと兵を挙げた。関ヶ原の合戦である。大坂にいる大名たちは、豊臣秀頼への忠順の証として、三成より人質を要請される。大名たちが家康方につくのを牽制するためである。

「もしこの公命に違背これ有るに於《お》いては、兵力をもってしても引き立つべし」

しかし、戦乱の情勢を察知していた武将たちは、たとえば黒田長政は母を、加藤清正は妻子たちを、さっさと郷里の城へと引き揚げさせている。ガラシャも逃げようと思えば逃げられたはずであるが、大坂にとどまった。そして三成方へ人質となることを拒絶する。ドラマの幕はここからはじまる。

＊

芥川の『糸女覚え書』は、この大坂玉造の細川屋敷にとどまったガラシャに焦点をあてている。もともとガラシャの壮絶な死に関する資料はきわめてとぼしく、ただ一つ、細川家伝来の『しも女覚書』一巻があるのみ。これは正保五年（一六四八）二月、細川家四代の光尚（忠興の孫）の求めに応じて、当時の奥女中であった霜がその様子を書いた、といわれるものである。今日のガラシャについて書かれた小説や物語などはすべて、これに拠っている。

才気ある芥川は、この『しも女覚書』をふまえて架空の糸女を登場させ、原本に似せて楽しい想像をほしいままに小説にしている。ただし、かんじんの霜女を作中にだすことも忘れてはいない。

「なほまた秀林院様（ガラシャ）は三斎様与一郎様へお書置きをなされ、二通とも霜へお渡し遊ばされ候。その後京の『ぐれごり屋』と申す伴天連へも何やら横文字のお書置きをなされ、これはわたくしへお渡し遊ばされ候」

事実は、ガラシャが最期にのぞんで遺書を託したのは二人の侍女（一人が霜女）であったが、芥川はそのもう一人は糸女として、うまく創る。しかも興味深いのは、これまでの常識に反してガラシャをてんで美人と認めていないのである。

「秀林院様の御器量はさのみ御美麗と申すほどにても無之《これなく》、殊におん鼻はちと高すぎ、雀斑《そばかす》も少少お有りなされ候。のみならずお年は三十八ゆゑ、如何に夜目遠目とは申せ、二十あまりにはお見えなさらず候」

さらにいえば、ガラシャはやたらに口うるさく小言をいい、男なみにやたらに女房たちを折檻したりする。そしてマリア画像の前で何かあると「おらっしょ」というお祈りをする妙な女なのである。

「秀林院様の『おらつしよ』は日本国の言葉にては無之、羅甸《ラテン》とやら申す南蛮国の言葉のよし、わたくしどもの耳には唯『のす、のす』と聞え候間、その可笑しさをこらふること、一かたならぬ苦しみに御座候」

そして、梅という新参の女房が思わず笑いだしたら、

「以ての外のことなりとさんざん御折檻を蒙り候」

さらに人質拒絶の危機的段階になると、ガラシャの機嫌はますます悪くなる。ことごとに侍女たちを叱りつけ、『イソップ物語』を読みきかせては、お前はこの蛙と同じだとか、この狼のように悪性の女だと毒づくのである。糸女も大分やられたらしい。

「わたくしは蝸牛《かたつむり》にも、鴉《からす》にも、豚にも、亀の子にも、棕梠《しゆろ》にも、犬にも、蝮《まむし》にも、野牛にも、病人にも似かよひ候よし、くやしきお小言を蒙り候こと、末代迄も忘れ難く候」

ガラシャの性格のいやらしさもさることながら、こう書く糸女のほうこそいっそうはしたない女と、そう思わせる皮肉さ、しかもユーモラスな筆致もあって、芥川の芸のしたたかさがよくわかって、この作品を秀逸なものにしている。

七月十六日夜、ついに石田三成は数百の兵をもって細川屋敷を包囲した。ガラシャは覚悟をきめる。忠興が嫉妬深いために、それまでガラシャの部屋に男が入ってきたことは一度もなかった。その部屋へ、介錯の家老小笠原少斎が小薙刀をもって入る。そこへ萌葱糸の具足を着た若き衆が、裏門を守る稲富伊賀守の逆心を伝えにとびこんでくる。

この最期の場面の芥川作品のガラシャがいい。

「秀林院様は右のおん手にお髪をきりきりと巻き上げられ、御覚悟の体《てい》に見上げ候へども、若き衆の姿を御覧遊ばされ、羞《はずか》しと思召《おぼしめ》され候や、忽ちおん顔を耳の根迄赤あかとお染め遊ばされ候。わたくし一生にこの時ほど、秀林院様の御器量をお美しく存じ上げ候こと、一度も覚え申さず候」

現実のガラシャは「介錯を」といい、首をさしのべた。死に顔を人に見せたくないと、覆面、くくり袴であったという。キリシタンゆえ自殺はできぬと、悲壮な決意である。

さらに霜女の記憶はこうである。

「私共、御門へ出候時は、もはや御やかたに火かゝり中候」

ガラシャは火の中にその生涯を終えた。

ところで、ガラシャをいわゆる貞女や節女とかならずしもみない人は、芥川ばかりではない。評論家の山本健吉さんも、劇作家の田中澄江さんもまたしかりである。こんな事実もあった。嫉妬のあまりに斬り捨てたものの首を、忠興が夫人の前に据えた。ガラシャは平然として眉一つ動かさなかった。「そなたは蛇のような女だな」と、いまいましげに言い捨てる夫に、ガラシャは昂然としていった。

「鬼の女房には、ちょうど蛇がよろしいのではございませんか」

また、酒宴の席で忠興が不始末をした家臣を斬りすてた。と、夫人が近寄ると、鮮血したたる佩刀を自分の裾ですうっと拭いた。その血染めの衣裳を、忠興が「目ざわりだから脱げ」と叱責しても、ガラシャは夫が降参するまでついに着替えようとしなかった。

そんな残されたエピソードを知るにつけ、はたしてガラシャが日本女性の手本となるような人であったかどうか。ちょっと首をかしげたくなってくる。男勝りのすさまじい烈女ではなかったかと。

そんなガラシャ夫人の自筆の書簡が残っている。「無類の珍品」と歴史家桑田忠親もいっている。「そうしゅん」という不詳の人に送った消息で、内容は、贈り物に礼をいい、依頼ごとをする、といったどうということのないものである。

きのふも御返事申候。うりもとどき申候。御心に入候て御うれしく候。又、御つるへの御返事まゐらせ候。御とどけ候べく候。又、たつこにも何事も候はず候。てうたくよりこの文、とくから、まゐり候て御入候へども、わすれ候て、ただいままゐらせ候まま、わが身疎略にて、おそくまゐらせ候て、目もじに御入り候。このよし御申候て、御とどけ候て給ふべく候。又ぞろ、なに事も候はず候。御心やすく候べく候。

写真版でみるその筆致ののびやかさ、奔放さ、なかなかの才気と見受け候である。署名は「た」の一字、もちろん「たま」の略。これも少しく修身の手本ばなれしたさばけた書き方であろう。

歪曲された淀どのの哀れさ

高野山持明院に伝わる「浅井長政夫人像」（織田信長の妹・お市の方）を雑誌で眺める機会が多い。すっきりとした額に面長のキリリとした顔で、いかにもその人らしい気品にあふれている。これは、伝えられる話によれば、天正十七年（一五八九）三月に、父浅井長政の十七回忌と生母お市の方の七回忌のさいに、豊臣秀吉の側室の淀どのがとくに依頼して、土佐派の絵師に描かせたものらしい。追善供養ゆえに絵師もことさらに腕をふるって美しく描いたともいえようが、お市の方の匂うような美貌はやっぱりすばらしい。

ところが、その娘である当の淀どのとなると、にわかに遺伝学説を信用できないような気分にさせられる。いま「淀殿画像」は奈良県立美術館にあるというが、これを写真などで見るかぎりお世辞にも美人とは申しかねる。その時代の画像一般に共通している男子は肩幅ひろく堂々と、女人はなで肩で楚々として、といった約束ごとからも逸脱している。淀どのの画像の肩幅は男のようにがっしりとして、全体としても太っちょに描かれている。顔も面長にあらず、ふっくらと下ぶくれ、そして目が小さく、鼻も大きい。これではとても楚々とした感じとはいえず、どうみても気の強そうな男勝りの肉体派の面立ちである。

この画像は、淀どのの死後かなり時代をへて描かれた想像画らしい。それで絵師は、絵筆をとるさいに、同じ高野山持明院にある父のほうの「浅井長政像」の風貌を、そっくり淀どのに移したものとされているそうな。そりゃ世の中には父親似の娘も数多くいるにちがいないが、なぜ母親に似せなかったのか。この場合、何百年もあとあとに残ることを考えると、やはり淀どのには気の毒なことであったと同情したくなってくる。その裏には、徳川政権下の政治的思惑や圧力が相当にあったことが想像できる。かりに亡き淀どのに美人の定評があったとしても、絵師はなんらかの事情で、やむなくリアリズムを放棄せざるをえなかったに違いない。

淀どの（淀殿）という正しい名称も、いつか淀君と俗称で呼ばれるようになっている。「君」とは江口の君とか虎御前の君とか、遊女の意を秘めている。「君」呼ばわりすることで、淀どのを淫蕩な女ときめつけ、石田三成、大野治長や名古屋山三郎とのよろめき関係をあげつらうためのものである。ついにはその子・豊臣秀頼も秀吉との間にできた子ならずと、決定的な悪女として非難されるにいたる。

なるほど、秀頼は文禄二年（一五九三）八月三日、大坂城二ノ丸で産声をあげた。逆算すれば、淀どののご懐妊は前年の文禄元年十月下旬になろうか。ところが、この年の十月十日、秀吉は朝鮮出兵の総指揮のために大坂を出立して、北九州の名護屋城へ向かっている。このとき淀どのは、多くの愛妾とともどもに、九州へ向かったとする説もあれば、大坂にとどまっていたという説もある。いや、どっちだって構わない。そのころの秀吉はすっかり老いてもう体力衰弱し、とうてい〝男〟としての機能はなかった、と断定するむきもある。いずれにしても、淀どのに弁護の余地はあまりなく、疑惑を晴らす証拠もほとんどなく灰色で不利なことに変わりはない。

さらには江戸の川柳にも笑いの対象として淀どのはしばしば登場することになる。

淀君は帳台浅く出てしゃべり

几帳を張りめぐらした貴人の座から乗り出し、淀どのは賢しらに喋りすぎるのである。気のきいた臣下はついていけなくなる。加藤清正、福島正則たち尾張衆といわれた武将は残らず離れ、片桐且元ひとりが苦労を重ねるが、

片桐がために茶々の局なり

淀どのの幼名の茶々をもじって「茶々をいれる」、何事にも淀どのがでてきて、余計なことをいい、且元の孤忠もハイそれまでとなる。坪内逍遥『桐一葉』の且元は「蕭条たる天地の秋、是非もなき定めじゃなあ」と名せりふを残して大坂城を去っていく。かくて冬の陣につづいて夏の陣で、豊臣家は滅亡する。最後を飾って勇戦力闘するのが真田幸村である。

女さかしうして六文をただ遣ひ

真田の紋どころの六文銭は三途の川の渡し銭である。女の浅知恵があたら名将を無駄死にさせてしまった。

以下は略することにするが、淀どのをめぐるそうした淫婦驕女という定説は、実は作

られたもの、という見方は許されないのであろうか。すべて捏造とはいわないまでも、ある意図をもって統一的に巧みに仕立てられたものといえそうな気がする。

というのも、豊臣政権の継承を身をもって主張し、断固として次代の覇者徳川家康に戦いを挑んだ淀どののほうに、むしろ論理の正当性があったのではないか、と考えるからである。結果として、淀どのは覇権争奪戦に劇的に完敗した。そして、いつの時代でも勝てば官軍であり、勝者の徳川政権は「大公儀」としてのみずからを確立するために、プロセスとしてその支配を正当化するさまざまな手段を講じることができた。自分に不利なものはすべて抹殺することができた。いっぽう敗者には屈辱と悲哀のみがあるばかりである。

見方を変えれば、歴史の過酷さにたいする女ひとりの悲痛な抗議を、敗者であるがゆえに、江戸時代のさまざまな書物によって全否定されたということである。泰平の世に書き残されたのは、驕慢きわまりない女が招いた愚かさという冷やかな非難だけである。気位ばかり高いこの女は、その子秀頼を溺愛し正室の北政所を追い出し、時勢の変化を理解することなく我意を押し通しつづけた。結果として、秀頼生き残りの可能性があったのに、これさえも摘みとり、みずからの手で豊臣家そのものを滅ぼしてしまった、というわけである。

早くいえば徳川政権というものの正当性を確認するためにも、淀どのは箸にも棒にもかからぬ悪女であったほうがいい。その巧みな政治工作によって、淀どのの人間性は極端に歪曲されねばならなかったのである。と、そういう考察をすることは、残念ながら徳川三百年の歴史のなかから生まれるはずもなかったのである。いらいその人物観察にさしたる変化はなくなった。そして、ある意味では現在にいたるまで。

*

淀どのの書簡といわれるものはほとんど残っていない。けれども、その内容から推しても淀どのの消息と考えられるものが二、三通ある。そこにみられる淀どのの印象はかなり違う。人となりはずっと穏やかに映る。これはその一つである。

わざとひとをまゐらせ候。一日も申候ごとく、宇治橋、秀頼より御かけ候につきて、遷宮より前にいでき候やうにと、いちのかみによく申つけ候。すなはち、いちのかみ方より奉行をたて、橋をかけ候ハんとの事にて候まゝ、御心やすく候べく候。そのために、わざと人をまゐらせ候。やがて〳〵奉行をくだし候へと、かたく申つけ候まゝ、御心やすく候べく候。くハしき事ハ、三位かたより申まゐらせ候。こゝほど秀頼ふたりながら、息災に御入候。御心やすく候べく候。江戸にもわもじをする〳〵と誕生にて御入り候。御心やすく候べく候。めでたく、かしく。

七月廿六日　　　　　　　　　　　　　あ□

いせ

けい光ゐん殿　まゐる　申給へ

慶長九年（一六〇四）七月二十六日、伊勢神宮遷宮の前に宇治橋を落成させるべく、片桐東市正《いちのかみ》且元に橋の作事奉行の派遣を命じたことを、伊勢の慶光院の住職にあてて知らせた手紙である。「いちのかみ」とあるのは且元のこと。その且元からはさっそく「作事奉行を派遣し橋を架けるとの返事がきたから、御安心ください」と、淀どのはかなり綿密に書いている。そして「このところ、秀頼ともども二人とも達者でいます」と報告し、江戸でも和子《わこ》様がつつがなく誕生したとのこと、「これまた、御安心願います」とわがことのように知らせている。この和子とは、徳川秀忠に嫁した末の妹の小督《おごう》が生んだ子で、のちの徳川家光のこと。家光誕生は慶長九年七月十七日であるから、それを忘れずに書き加えるあたりは、なかなかの細やかな心づかいであろう。

別に一通、もう一人の妹お初の夫の京極高次にあてた消息がある。「たびたび、秀頼、わが身かたへ、御便りども給り候て、御嬉しさ幾千歳までもと祝ひ入りまゐらせ候」と、便りを頂戴したことにたいするお礼にはじまり、実に丁重な文面である。そして後半はつぎのように結ばれている。

ひとひハ御造作に御くだり候て、御うれしく思ひまゐらせ候。御逗留のうちにこま〳〵しき御事も御入候ハで、如在のやうにおぼしめし候ハんと、心の外に思ひまゐらせ候。めでたく、また、やがて〳〵御のぼり待ち入りまゐらせ候。かしく。

《過日はわざわざお下りなされ、嬉しく思います。御逗留の間にこまごました心遣いもいたさず、不作法のようにお思いになったことであろうと、心苦しく存じております。めでたく、また、やがて、御のぼりなされんことを御待ちしております。》

あて先が身内という点もあろうが、傲慢無礼なところを少しも感じさせない書簡といっていいか。母が織田家、父が名門浅井家、その血筋にふさわしい育ちのよさがよく示されている。

結局のところ、徳川家康のほうが老獪で、役者が二枚も三枚も上であったということになる。いや、権謀術数の差、豊臣・徳川両家の興亡をわけた理由はそれにつきる。戦国という男臭芬々たる時代、男の術策や美学だけが力を振るっていた時代に、淀どのは全く無関係に、男どもが飾りたてた妄想や幻想にまどわされたりしなかった。誇り高さや、驕りや、ゆがんだ権勢欲といった男のもちものとは無縁に、女に徹して生き抜いたのである。田辺聖子さんがいうように「女のおろかさも女のあわれさも女の可愛さ、女のいやらしさも、すべて彼女はひとりじめして、三国無双と謳われた城、地上にあるかぎりの贅美をつくした大坂城とともにほろんだ」のである。

慶長十九年（一六一四）十月、大坂冬の陣が起った。同年十二月に、一時、和議が成立した。それは家康にとってはつぎの合戦を有利にすすめるための時間稼ぎである。京都の天皇は勅使を派遣して、和議仲介の斡旋をいってきたが、家康は丁重に断っている。そうした事情を少しも知らずに、突如天空よりよき運のめぐってくることだけを信じていた淀どのの希望的観測を、歴史は完璧に裏切った。淀どのが何を望み、どんな意図を抱いているか、それすらも織田有楽斎たち大坂城中の有力者から、家康に筒抜けになっている。また城の外堀は外交交渉の結果として埋められた。これでは戦に勝てるはずはない。翌年の五月からはじまった夏の陣三日間の合戦は、冬の陣の十四日間にも匹敵する激しさであった。

難攻不落を天下に誇った大坂城内に、徳川勢はついに乱入してきた。追い詰められて淀どのと秀頼の母子は、焼け残った山里曲輪の干飯蔵のなかに籠もった。このとき、大野治長が秀頼の正室千姫を徳川本陣に送りとどけ、かわりに淀どの母子の助命嘆願をした、ということになっている。しかし、徳川秀忠が嘆願を無視したともいうし、逆に徳川側から示した条件を淀どのが合意しなかったともいう。

わたくしはそのどちらもなかったのではないかと考えている。徳川方の記録に残されているという淀どの母子の助命嘆願は、もし真実あったとしても、それは治長の独断の工作であったに相違ない。淀どのがいまさら助命嘆願などという姑息な手段をとるはずはなかった。

母のお市の方とともに、小谷城と越前北の庄城において二度の落城を体験している淀どのは、三度目はもう沢山と、生きる意思を投げ捨てていた。二十三歳の息子の手をとり、業火の中におのが身をなげた。享年四十九。

大高源五の孝子の面目

作家の池宮彰一郎さんによれば、多くの人の好む「忠臣蔵」のお話はぜんぶがぜんぶ出鱈目、ということらしい。なにしろ、この元禄の赤穂事件の物語は、江戸の歌舞伎芝居や人形浄瑠璃にはじまって、より面白くしてくれたのが講談で、これに明治末期からは浪花節が加わった。さらに現代では長短の小説に映画にテレビドラマ、みんなで寄ってたかって、世界にも例をみない民族的な一大叙事詩をつくりあげたのである。ところが、相当以前から、学者や研究者によって、いちいちそれらの物語の虚実の腑分けがなされ、結果としてはほとんどが真っ赤な嘘とされてしまったのである。

「神崎与五郎の馬子への詫び証文」「赤垣源蔵の徳利の別れ」「南部坂雪の別れ」「俵星玄蕃の蔭ながらの助太刀」「天野屋利兵衛は男でござる」「大石東下りのときの立花左近との対決」「岡野金右衛門の吉良邸絵図面とり」「そば屋の二階の全員集合」「大石の山鹿流の陣太鼓」……泣かせる話を虚実の鏡に照らしてみると、なべて討ち死にという。どだい物語の面白さは虚実皮膜の間にある。虚にして虚にあらず、実にして実にあらず、そこに芸というものがある、と近松門左衛門もいっているのに。

なかでも大いに気に入っている話は、両国橋の上での宝井其角と大高源五*との出会いの物語であった。元禄十五年（一七〇二）十二月十三日、討入りを明日にひかえた昼のこと、煤払いの笹売りに身をやつした源五が、吉良邸を見張ろうと両国橋を渡っていると、偶然に向こうから来る俳句の先輩の其角とすれ違う。当時の江戸は十三日がいっせい大掃除の日であったから、笹売りは理にかなっている。源五の見すぼらしい姿に、其角は一瞬目を丸くして声をかけた。「おお、子葉どのではないか。どうなさった」「ははは、ごらんのとおり、笹をかついで売っています」といった会話がいくつかあってから、其角が尋ねる。

「そのように浪々はなされても、好める風流の道、よもやお捨てはなさってはいまい」

「いまは世事にかまけてなかなかではありますが、好きな道とて忘れかね、折りにふれてはせっかくと精進いたしております」

と、其角はそこですぐに一句を口にした。

年の瀬や水の流れと人の身は
これをうけて源五は、間もおかず一句を返した。

あした待たるゝその宝船
其角は、ムムム……と息をのんだ。

「さすがさすが、あした待たるゝ」

「その宝船」

双方、しばし思い入れがあって、やがてさらばさらばと左右に別れゆく。拍子木ひとつ鳴って、静かに幕……まことア・ウンの呼吸もぴたりで、えもいわれぬ名場面。江戸の古川柳にも「両国で其角は笹を買はされる」と詠まれている。が、これもまた研究によれば大嘘との烙印が押されてしまっている。近頃よけいなお世話といいたくなってくる。

残念ながら、この橋上の出会いはなかったにしても、俳名子葉こと大高源五が、其角や服部嵐雪《らんせつ》など江戸俳人と親しく交際もあったイキな風流人であったことは、間違いのない事実なのである。ところで興味深いのは源五のほかにも、赤穂浪士の面々にはけっこう俳人が多いということで、可笑と号する大石良雄をはじめ白砂の吉田忠左衛門、春帆の富森助右衛門、放水の岡野金右衛門、禿峰の茅野和助、竹平の神崎与五郎、如柳の間十次郎、そして里竜の小野寺十内と、多士済々である。そのなかでも子葉は俳句のほかにも和歌をよくし、古典の素養もあったし、茶道にも通暁した文武両道の人という。そうであるからこそ、両国橋上の語り伝えられる傑作が作りあげられたのである。

また、真実にかぎりなく近い話として、つぎのエピソードが残されている。当代一の表千家の宗匠、四方庵宗徧は、かれの弟子の脇屋新兵衛が浅野の浪人であるととうに知っていた。知っていたから十二月十四日の朝、「間違いなく今宵は茶会ゆえに吉良どのは在宅している」と教えたという。新兵衛こと大高源五は宗匠の心に応え、年の瀬や水の流れと人の身はあした待たるゝその宝船、歌一首を贈った。両国橋とごちゃごちゃになるような話であるが、其角に「その話は俺のものだ」と怒鳴られても、こっちのほうが本当のことのようであると答えるほかはない。事実、宗徧の一言が本懐成就にえらく役立ったのである。

＊

大高源五というサムライはそれだけの文人であった。それゆえに、同志の人とともに江戸へ下ろうとするときの、元禄十五年九月五日付け母あての訣別の手紙が、母への気遣いがこまかく述べられ、昔から浪士書簡中の〝白眉〟といわれている。しかも、「殿様」と舎弟「大学様」は必ず改行、「天下」および「上《かみ》」は改行一字上げにしてあるなど、武士としてのあっぱれな矜持とすでに多くの人にほめられている。そこには、いわゆる講談的な泣かせる忠臣蔵物語とは違った人間的な、もっと真率な、苦悩にみちみちた真実がこめられている。

まずはじめに、自分は二十石五人扶持の軽輩ゆえ、殿様よりさして深いご厚恩を被ったわけではないから、忠義ということをそう極端に考えずに生き永らえて、母上様に孝養をつくしたとしても、世のそしりを受けることはあるまいと思う、と忠孝の狭間に苦しんだ正直な気持が記される。しかしながら、朝夕お側近くで殿様のご尊顔を拝していたときのことが、いまもって片時も忘れられない。その上に殿様は……、

誠に大切なるおん身を捨てさせられ、わすれがたきお家をも思召し離され候て、ご鬱憤とげられ候はんと、思召しつめられ候相手をお討ち損じ、あまつさへ浅ましきご

生害とげられ候段、ご運のつきられ候とは申しながら、無念至極、恐れながらそのときのご心底おしはかり奉り候へば、骨髄にとほり候て、一日片時も安きこころござなく候。

と、殿様のこの無念を晴らさんために一味徒党に加盟したわけを述べる。そうした上で源五はかなり冷静になるのである。すなわち、松の廊下の刃傷は、主君とはいえ場所と時節を誤ったもので、まことに不調法なことであった、と率直に書いている。ゆえに、われらは気持を抑えてひたすら恭順の意をもって法を守り、わずかでも家名の存続と吉良の処罰を願ってきたのである。が、それもついに幕府に聴許されなかった。こうして「ただ一筋に殿様おんいきどほりをはらし奉り候より外の心ござなく候」と、切羽詰まってやむなく討入りに及ぶことになった旨を、母に諄々《じゅんじゅん》と訴えている。

右申し残し候ごとく、武士の道をたて候て、ご主のあだを報い申すまでにて、まったく天下へたいし奉りお恨み申し上ぐるにてござなく候。しかれども、いかなる思召しござ候て、天下へお恨み申上げたると同前とて、我々どもの親妻子お祟りござ候とても、力および申さず候。万一左様の事になり候はばかねて仰せられ候通り、何分にも上よりのお下知の通り、尋常にお覚悟なさるべく候。お早まり候て、御身をわれと御あやまちなされ候事など、くれぐれあるまじき御事にて候まま、かならずかならず左様にお心得なさるべく候。

と、国法を破る一挙の罪がわが母にまで及ぶことを案ずるとともに、早まって自害なさらず幕府のご沙汰を待つようにと拝むようにいっている。言外には、少しでも生き永らえてほしいと祈る孝心があるのはいうまでもない。

私三十一、幸右衛門廿七、九十郎廿三、いづれも屈強のものどもにて候。たやすく本望をとげ、亡君のお心をやすめ奉り、未来えん魔の金札のみやげに供へ申すべく候まま、お心やすく思召し、ただただご息災にて何事も時節をお待ちなさるべく候。御齢もいたう御かたぶき、幾ほどあるまじき御身に、さぞ御心ぼそく、頼りもあらぬ方に、乏しく月日をお凌ぎあそばし候はんと存じ奉り候へば、如何ばかり心憂く候へども、その段力および申さず候。

源五の母の貞立は小野寺十内の姉。弟が小野寺家へ養子にいった幸右衛門。そして文中の九十郎は従兄弟の岡野金右衛門のことである。一族総出でいずれも吉良邸へ討ち入った。貞立は早く夫と死別しながら、幼い男子ふたりを育て上げたのに、いま、その息子二人と甥を失うのである。源五に死ぬなといわれても、その心は千々に乱れ死を希求したに違いない。そう察するゆえに源五は最後にもう一度念をおすように書いている。

幸いかな、ご法体の御身にてござ候へば、此後いよいよもつて仏のおつとめのみにて、憂さも辛さも御紛れましまし、未来の事朝暮に御忘れなく、世もおだやかにござ候はば、寺へも節々おまゐり遊ばしたく候。ひとつはご歩行ご養生にもなり申すべく候。

母貞立としては、文字がにじんでよう読めなかったにちがいない。

こうして心を鬼にして母と別れ江戸へやってきた源五は、またまた十二月七日付けの手紙を書いている。こっちのほうはそれほど有名ではないが、文面こまごまと気をつかい、孝子の面目の躍如たるものがある。「寒に入ってことのほか寒いが、持病も起きず息災ですか」とか、「赤穂も新領主が入国して町方も落ち着いたことと思います」と、心優しい文言をつらねたあと、決意のほどを記している。それがさながら昭和の神風特別攻撃隊員の遺書のごとく、決然としたいい筆致になっている。

いまさら何事を申し上ぐべき事もござなく候。是かぎりの文にてござ候。何かのこともみなみな前世の約束と思召し、いたく御嘆き遊ばされまじく候。何ぞ此節まで手なれ候もの形見におくり上げ申したく候へども、衣類などのやうなるものは遺しがたく、あまりに垢つき候まま、ここもとにて兎にも角にも致し申すべく候。肌につけ申し候ものにてござ候まま守袋進じまゐらせ候。まことにまことに先立ちまゐらせ候不孝の罪、のちの世も恐ろしく存じ奉り候へども、まつたく私事に捨て候命ならず候まま、その罪お許し下され、ただただ兎にも角にも深くお嘆き遊ばされずご念仏たのみ奉り候。

形見にお守り袋ひとつとは、思わずホロリとさせられる。しかも源五はこのあと、討ち入りの日の勇ましい自分の衣装のことまでを、母に知らせている。これが紅裏の小袖に黒の上着と、何とも勇ましい。「刀は親父の御差しなされ候刀にてござ候。刃のわたり二尺三寸ほどござ候大長刀もち申し候」と、母を大そう喜ばしている。そして最後に一句。

山をさく力も折れて松の雪

武ばらず、悲傷味もあっていい句である。が、この句は、本懐をとげ浪士一同が泉岳寺に引き揚げたとき、「上野殿首を備へ置きて」と前書きして、源五が詠んだ句ということになっている。あるいは源五はあらかじめつくっておいた辞世の句を主君の墓前で流用したのかもしれない。

討ち入りの翌年二月四日、浪士たちは残らず切腹した。その日の源五の辞世の句としてぜんぜん別のものが残されている。「子葉末期」と前書きがある。最後は俳人としての死を源五は選んだのかもしれない。

梅でのむ茶屋もあるべし死出の山

冥土にあるという死出の山にも、梅を愛でながら酒をのませてくれる茶屋があるにちがいない、と。あっさりとしていい句である。源五は酒好きの人であった。

ただし、いちばん好きな子葉の句となると、

爐開《ろびらき》や鼻をならべて雨を聞く

になる。冬に入り初めて炉を用いる茶会の席の景。うそ寒いしぐれの音を聞きながら、侘び寂び境地にある面々が「鼻をならべて」いる。ユーモラスである。そのおかしみはなんとも渋い。ひっそりとしたおかしみである。

＊ 宝井其角と忠臣蔵となると、両国橋上の話だけではなく、愉快きわまりない手紙が残っている。討入りの当夜、其角は吉良邸の隣りの旗本土屋主税《ちから》の屋敷で、服部嵐雪《らんせつ》、杉山杉風《さんぷう》たち芭蕉門下の俳人ともども、俳諧連歌の会をやっていた。とまずは確認して、以下に其角の手紙

を現代語訳して引用する。

「さる十四日、本所は土屋主税の家にて年忘れの句会があり、嵐雪、杉風らと私も同席しました。折から雪面白く降り出し、風情手《ふぜい》にとるごとく、庭の松や杉は雪をかぶり、雪間の月はときおり雪のおもてを照らし、風興はまことに捨て難く思いました。

夜もいたく更けまして、早くも午前二時ごろとなりました。犬の遠吠えもやみ、四囲は深閑とし、それじゃというわけで四五人集まって蒲団をひっかぶって、夢もうき世という間もあらず、激しく門を叩《たた》くもの二人。

やがて玄関に案内されてくると、われらは浅野家の浪人堀部弥兵衛、大高源五と名のり、今夜お隣りの吉良上野介殿のお屋敷に押し寄せ、亡君の年来のうらみを果たさんための大石内蔵助をはじめ四十七人であります。そして只今吉良殿を討ち果たさんとしております。」

やっぱり原文のほうがいいから中略して最後のところを――。

「『我雪とおもへばかろし笠のうへ』と高々と一声よばはり、門戸をとじて内を守り、塀越に灯燈をともし始終をうかがふにその哀さ骨心に染み入、女のさけび童子のなき声、風飄々と吹さそふて、暁天に至りて本懐を已《すで》に達したりとて、大石主税、大高源五、両人穏便《おんびん》に謝儀を述べたる事、天晴《あつぱれ》武士のほまれといふべき歟《か》。『日の恩やたちまちくだく厚氷』と申捨たる源五が精神、いまだ眼前に忘れ難く、貴公年来熟魂《じつこん》故、具《つぶさ》に認め進し申候」

秋田藩の家老梅津なにがしへ送った其角の書簡と、長い間信じられてきていたが、これも今日ではニセモノと烙印がおされてしまっている。其角だってこんな天衣無縫な偽作なら迷惑と思いはしなかったであろうに、残念なことであった。

裏も表もない良寛禅師

越後国長岡生まれの美しい尼僧貞心は、古志《こし》郡新組村福島（現・長岡市福島）の閻魔《えんま》堂にいた。もし六十九歳の良寛が三島《さんとう》郡和島村大字島崎の木村元右衛門方の小庵に来なかったなら、二人は相逢うこともなかったであろう。

文政十年（一八二七）の秋、距離にして五里ほどの道を、貞心尼は塩入峠を越えて托鉢に通い、そこで良寛を知った。貞心尼三十歳である。

秋の一日、良寛は若い尼僧とはじめて会った。そのとき貞心尼はこう詠んだ。

君にかくあひ見ることのうれしさも
　まださめやらぬ夢かとぞ思ふ

情熱そのままのこの夢の押し売りに、良寛はこう、答える。

ゆめの世にかつまどろみて夢をまた
　語るも夢もそれがまにまに

世の中とは夢のまた夢なんですね、という歌である。

それから二人の歌の贈答は、つまり二人の夢みた夢は覚めることなくつづく。晩年の良寛と若い貞心尼の和歌を贈り合いながらの交情は、なんともうらやましいかぎりである。

しかし、神は四年しか時を与えてくれなかった。良寛は死に臨んで一句を示す。「うらを見せおもてを見せてちるもみじ」。これは良寛その人の作ではないが、とっさにわが思いを托したのであろう。貞心よ、お前にだけは裏も表もみんな見せてしもうた、思い残すことはない、安心して死んでいけるよ、というのである。天保二年（一八三一）一月六日、わずかに膝を入れるほどの草庵で、貞心にみとられつつ、良寛はこの世を去る。享年七十四。

残された三十四歳の貞心尼は、それからの四十年間、福島のお堂にこもって、良寛との日々の追想のなかに静かな時を過ごした。托鉢のかたわら、良寛と自分の合同歌集『はちすのつゆ』（蓮の露）をまとめて世に出した。そののち柏崎市西本町の不求庵に移り、明治五年（一八七二）二月にそこで没する。享年七十五である。

＊

戦後しばらく、わたくしは長岡中学校（現・長岡高校）に在学し、良寛ゆかりのこの地に住む機会があった。この中学生時代に長岡市福島の小庵跡を訪ね、「朝げたくほどは夜のまに吹きよする落葉や風の情けなるらん」の歌碑を眺め、また柏崎の洞雲寺にある貞心尼の墓に詣でたりしたものであった。

そうした折にしばしば心に浮かんだ疑いがあった。それをいま、また想い出している。良寛と貞心尼の四年間の交情は何やら優等生の円熟したそれを思わせるが、そんな恋ってあるのであろうか。馬鹿になり、狂いもしない恋は、本質からはずれている。そんなニキビ時代の疑いを、いまそのときの良寛の年齢にかぎりなく近づいて、改めて心に浮かべているのである。

くるに似てかへるに似たりおきつ波

立居は風の吹くにまかせて

貞心尼の墓に刻まれた彼女の歌である。

いままた、なんどもこれを読んでみているうちに、彼女もまた、ほどほどの恋ならしないほうがましだと考えたにちがいない、と確信したい気持になっている。

風の吹くにまかせて、すなわち心のままにである。四十歳も年の違う良寛に彼女は真剣に惚れたのである。年齢の差など超越していた。一度煮なけりゃ食わないような細心の人は、腹をこわすこともあるまいが、生の新鮮さは金輪際味わえぬ。貞心はそんな女性なんかではなかった。そして良寛も枯木寒巌とはおよそ縁遠い、万事に正直さをつらぬいて生きた人であった、と思われるからである。

証しとなるような歌だって『はちすのつゆ』のなかにないわけではない。

鳶はとび雀はすずめ鷺はさぎ

からすとからす何かあやしき

貞心尼の作。鳶は鳶とつがいで飛ぶ、雀は雀、鷺は鷺とそれぞれが男女つれだつに何の不思議があろう。なぜいけないのか、私にはわからないと、こうきっぱりと胸の底を示されては、さすがの良寛もたじたじとなるほかはなかったか。

ぬば玉の今宵もここに宿りなん
　君がみことのいなみがたさに
「とまっていけ」という君の言葉を、歌の主はどうにも断わりきれないでいる。
　夕かげの花より君が色ふかき
　　言葉を神もうれしとや見ん
　恋の言葉はすべてをのり越える。神も許したもうている。これらの歌の歌い主が、良寛なのか貞心尼なのか判じ難い。そこがまたえもいわれぬ色っぽさとなるのである。恋には年齢の垣なんかない。想像をたくましくすればするほど、世阿弥のいう「秘すれば花なり、秘せずば花なるべからず」の想いが痛切になってくるではないか。
　これを書くために、わたくしは久しぶりに長岡からバスに乗り、塩入峠のトンネルを抜け和島村を訪れた。中学生時代以来であるから五十余年ぶりということになろうか。
良寛の墓のある隆泉寺の、本堂の前庭に建つ托鉢姿の良寛像を仰ぎながら、ハテ、この像は昔からあったものか？　と、わが記憶力のさっぱりなのに驚き入りつつ、木村家へ。
　木村家は、いまも黒板塀にかこまれて、形のいい松のかぶさった風格のある門をもつ家屋敷である。松の脇に「良寛禅師遷化之地」という石碑がある。門をくぐると左側が母屋で、その前を通りすぎて、裏庭に出る。良寛の住んでいた庵は、木村家が木小屋として使っていた八畳ほどの離れ屋であったというが、いまはまったくの隅の空地になって、安田靫彦筆「良寛禅師庵室跡」の碑が建っている。

中学生時代、この由緒ある小庵は戊辰戦争のときに西軍に焼かれたと、地元の人に聞かされたものである。われら長岡にゆかりのものは決して「官軍」などとはいわない。「西軍の田舎侍どもは良寛和尚のなんたるかを知らず、無謀にも火をつけおって」ということになる。

良寛は、この地より少し西南に行った三島郡出雲崎村（現・出雲崎町）の名主の長男として、宝暦八年（一七五八）に生まれた。二十二歳にして家を飛び出し備中国玉島（現・倉敷市）円通寺へ。そこからまた諸国行脚に出立、三十四歳ごろに四国土佐（高知）の一庵にしばらく住していたらしい。

いずれにしても、良寛の生涯、とくに前半生については確実なことはほとんどわからない。いや後半生であっても、正確な事実だけをあさって記すなら、数行に及ばないうちに筆をおいてしまわねばならないという。年月日まで明確にいえるのは、たった一項目。すなわち、わたくしが立つ和島村島崎の能登屋こと木村家で、天保二年辛卯正月六日に入寂したということだけである。

その容貌は、一次史料として信憑性《しんぴょうせい》の高い『良寛禅師奇話』（弘化二年）の著者の解《け》良《ら》栄重《よししげ》が描くところの「神仙ノ如シ。長大ニシテ清軀《せいく》、隆準《りゅうせつ》ニシテ鳳眼」につきる。背が高くて細め、鼻梁が高く、切れ長の眼。ということは、面長で彫りの深い顔立ちであったのであろう。「神仙」というから、どことなく気品ある超俗の仙人風でもあったのか。

十数年の長い漂泊ののち、越後へ帰ってきたのが四十歳、不惑の年のころ。弥彦の南、国上《くがみ》山の中腹の、いま再建されている「五合庵」を住み家とするが、二十年ののち、麓の乙子《おとご》神社の境内にある別の庵に移る。ここで八、九年生活して、和島村の木村家へ。いうまでもなくその死まで、どこへ移ろうと粗末な草庵にたった一人、何十年の歳月を托鉢して送っているのである。時代がどうの、環境がどうのと理屈をつける前に、その超人的な精神力にわたくしなんか圧倒される。しかも、すごいところはその生涯に歯を喰いしばった悲壮な苦行僧の面影など微塵《みじん》もないことである。『良寛禅師奇話』が書く。

「師常ニ黙々トシテ動作閑雅ニシテ、余有《あまり》ルガ如シ。心広ケレバ体ユタカ也トハコノ言《こと》ナラン」

然り、背丈の大きな、心の広い人であったのである。

そんな良寛の、木村家に残る手紙がある。数多い書状のなかで、これはめずらしくも若いものへの意見の書である。

此度貴様かんだうの事ニ付、あたりのものどもいろ〲詫びいたし候へども、なか〳〵承知無之《これなく》候。私も参りかゝり候故、とも〴〵にわびいたし候へバ、かんだうゆるすことに相なり候、早速御帰候而可然《てしかるべく》候。さて御帰被遊《あそばされ》候て後ハ、ふつがふの事なきやうに御たしなみ可被成《なさるべく》候。第一あさおき、親の心にそむかぬ事、仕事も手の及ぶだけつとめて可被遊候。其外《そのほか》の事も御心づけ可被遊候。かさねていかやうな事でき候とも、わび言ハかなはず候間《あいだ》、さやうにおぼしめし可被成候。以上。

木村家の道楽息子、周蔵あてのもの。勘当が許されることになった、ついては……と良寛が訓戒をたれている。そして周蔵が家へ戻ることになった朝、良寛は表戸を押さえていたという。父親の不興を買っていったん家を出たものは、その帰るに際して、まずは表門から入ってはならぬ、という良寛のきびしい自律の倫理観を示した逸話として伝えられている。

　が、なんといっても、良寛の書状となれば傑作は夫子自身の無心の手紙である。実に楽しいものばかり。順不同にかたっぱしから。

「ハイ今日《こんち》は雑炊の味噌一かさ下されたく候。ハイサヤウナラ」

「いんきんたむし再発致し候間《あいだ》、万能功一（貝の図を描いて）御恵投下されたく候。以上」

「寒気之時節、如何《いかが》御凌《しのぎ》被遊候や。野僧無事に罷過《まかりすごし》候。今日人遣《つかわし》候、何卒《なにとぞ》大豆一斗度被下《くだされたく》候。……御入用無《いりようなく》候はば、(急須の図を描いて) よよひん度被下候」

これは註が必要ならんか。よよひんとは尿瓶のことである。

さむくなりぬ。いまはほたるも光なし。こがねの水をたれかたまはむ。

署名は「蛍」、あて名は「およし散《さ》」となっている。およしとは与板町の山田家のお手伝いで、良寛のことを「蛍」とよんで、よく面倒をみて酒の世話をした。「こがねの水」とはもちろん酒のことである。

当然のことながら物を貰ったからにはお礼をする。そこで無心の手紙以上に、良寛のお礼の手紙がそれこそ山ほどもある。

「御歳暮として酒一樽、にむじむ・ごぼう・あぶらげ・うやくしくをさめ候」

「八十之御賀のよしにて御酒一樽被下《くだされ》只今一酌之処にて大いに妙に候。巻は直に相揮《あいふるい》申候。右御請迄如此《かくのごとく》に候。草々不尽」

この酒一樽はただの贈りもののようではない。贈り主は良寛に何か書かせようとしたものらしい。上機嫌の良寛は、さっそく請け給わったと、一筆ふるわんと一も二もなく承知している。かならず掛軸になるような巻物を仕上げるから、酒を下さいな、という次第である。

例年の通り炭もたせ被遣千万難有《ありがたく》候。当年はこたつも出来候てつがふよろしく候。並に御酒一樽 恭《うやうやしく》 拝受仕候。以上。

良寛の手紙を読んで感服するのは、その文章の簡潔さである。いいたいことはすべていいつくしている。とくに無心の手紙である。書きにくいし、貰ったほうもあまり歓迎したくない。その微妙なところを、見事なユーモアで包んでいる。そして良寛その人の人品までがしのばれてくる。

そこが「大愚」大バカ者と自称した良寛の素直さというものなのである。自分に正直に生きた良寛は、だれにも裏も表も隠すことなんかなく全部を見せている。それにつけても、貞心尼あての書簡のないことが残念と、「庵室跡」の空地に立ってしみじみと思えたことである。

良寛の葬式の話を付け加えておきたい。命日が旧暦一月六日というのは、越後ではいちばん雪も深く寒いときである。それなのに、主たる会葬者のみでも二百八十五人に及ぶ、と記録されている。斎飯《ときはん》に用いた白米が一石六斗であったという。どうも良寛となると、奇行を誇張したり、「無欲、無私、人間生活の究極点に立って、いささかの揺ぎもみせなかった人」として、人間離れしたところがもて囃される気味があるが、さて、どんなものか。その葬儀にみるとおり、単なる奇行人にこれほどの人が集まるはずがない。まじめな、平凡な、村の知識人といった面がなかったわけではないように思われる。

一衣一鉢わずかに身に随う
強いて病身を扶けて坐して香を焼《た》く
一夜蕭々幽窓《ゆうそう》の雨
惹き得たり十年逆旅の情

こうした敗れた者良寛の沈痛な悲歌をよむと、その清純な魂と非凡な才能が人の心をうったものと考えるべきか。

苦闘する煩悩の人

小林一茶

小林一茶とくれば、

やせ蛙まけるな一茶これにあり

我と来て遊べや親のない雀

目出たさも中くらゐなりおらが春

と、いくつかの句が想いうかべられる。

小学校あるいは中学校の教科書にかならず載っていたからである。これらの句を大ていの人がそれで記憶している。

一茶が生涯につくった句は約二万に近い。奇妙なくらいに教科書は、かなり昔から連綿としてそのなかから同じような句をえらんでいる。なんでこんな童話的な、牧歌的な句ばかり載せているのか。これじゃすさまじいばかりの、大胆であけすけな、重量感をもった、一茶という人間がちょっぴりもわからない。幾多の艱難辛苦の果てにつくりだされた一茶俳句のほんとうの面白さ、すばらしさが、まったくよそに追いやられている。と、ずっとそんな不満というか疑義を抱いている。

一茶の生涯というのは、決して呑気な平和なものではなかった。生まれは信州の柏原郷。三歳で実母を失い、八歳で継母に手がけられ、十歳で異母弟が生まれて、継母に疎んじられる。一茶自身のいうところによれば、一日に百回、月に八千回も杖でぶたれ、目のはれない日はなかったというのである。「我と来て遊べや」の句は、かなり長じてからそのころを回想してつくったものである。

十五歳のとき江戸に出た。立身出世を夢みてではない。父親が継母とわが子との不和を見るにみかねて、故郷より遠ざけたほうがよいと考えた結果である。いらい一茶の惨《さん》憺《たん》たる人生がはじまる。そして父亡きあと、継母と異母弟を相手に遺産の相続を争いつづけ、望郷の想いにかられながら旅から旅で多くの年月をすごし、懸命に俳人としての地位を得ようと猛勉強している。

それもなまなかの勉強でなかったことは、すでに多くの論者によって説かれている。ここではその一端を。

一茶の句に、

遠乗や霰《あられ》たばしる笠の上

というのがある。まさしく源実朝の代表作「武士《もののふ》の矢並つくろふ籠手《こて》の上に霰たばしる那須の篠原」を踏まえている。同様に、

山吹をさし出しさうな垣根かな

この句のうしろには、「七重八重花は咲けども山吹のみのひとつだになきぞ悲しき」という太田道灌の故事がある。

と、こんな具合であるが、それはともかくとして、天与の才能もあって、ようやく俳人として認められたのは三十七歳のとき。といっても、江戸で堂々と一派をなして宗匠とおさまったわけではない。ずっと俳友とのいざこざの絶え間なかったのは、しょせん

はかれが地方農民の出であったことによる。

それが信州生まれの一茶の人間性といえばいえるが、とにかくしつこかった。絶えず漂泊という境遇に鍛えられているから、万事に勘定高く、引き退がることはなかった。すっきりしたところ、とりすましたところなど毫もない。常に自分が正しいと確信し、議論では主張を押し通し、負けず嫌いで終始した。

＊

そうした一茶のもつ一面、かれの暗い性格をよく語ってくれるのが手紙なのである。文政四年（一八二一）十二月二十九日付け、村役人問屋六左衛門あてにだした役金（一種の税金）免除の陳情書がある。

その内容は――自分はとにかく長い間きちんと役金を払ってきた、とのっけから主張する。役金納入の帳簿を調べてくれ、といい、江戸へ行っていた間も故郷の「空家」のために払いは忘れなかったと強調する。ところが、そこには、異母弟一家が住んでいたのである。

一茶の言葉の裏には、父の死後十三年にわたった相続争いのしこりが込められている。八年前の文化十年（一八一三）、紛争の始末がついて、田畑と屋敷の南半分がかれの所有となっていた。なのに、いまだその怨念をひきずり、自分が住んでいなかった以上は「空家」だと主張しつづける。一茶の底知れぬ執念深さがよくわかる。

そのあとが名文なので句読点などを入れ、少しく読みやすくして引く。

弥市などは、祭り桟敷《さじき》になぐさみの銭散じながら、上納同様の役銭出さず、桟敷かける力なき私が、かかさず役銭とらるる事、闇夜の草原歩くやうに分りかね候。あはれ、青天白日たる明鏡の御心に御尊察下さるべく候。（中略）なよ竹の直《す》ぐなる御捌《さば》きにて、役金ちとの間休ませ下さるべく候。其《その》代り、今迄長々よい子の顔して休みたる弥市より、役金は御取り立て下されたく候はば、生々世々《せぜ》（子々孫々にいたるまでの意）有難く存じ奉り候。

一茶はときに五十九歳。いまならともかく、江戸時代のその年齢とくれば、万事に達観して悠揚せまらざる人間が多かろうに、この欲のはげしさ、はしたなさである。とくにひき合いにだされた弥市どん（万屋弥市、本家筋に当たる人）にしてみれば、うしろから刺されたも同然で、たまったものではない。私の代りに弥市から役金を取り立てろとは、とんだいいがかりというものである。

それというのも、遺産相続紛争の際に、弥市どんは継母側に一貫して肩入れしていた。それで一茶にとっては、天地相容れざる仇敵ともいうべき輩となった。この拘泥《こだわ》りはただごとではない。

それについでに書いておけば、遺産相続争いの最後の問題点は父の死後十二年間に収穫した米の代金と、自分の家に住んでいた家賃として、一茶が継母や異母弟に金三十両をよこせと、強く要求していたことにあった。そんな理不尽なことは、といって二人は払わない。やっと調停が成って十一両二分を払うことで話がついたのである。

これはさすがに村人たちの不評を買った。すると一茶は〝おれはおれだ〟と反発し、一句詠《よ》むのである。

しなのぢや雪が消れば蚊がさはぐ

悠然として山を見る蛙哉

このように一茶は、すべてにおいて徹底する生涯を過ごした。憎いとか嫌いだとなると、もうとことん毛嫌いし抜いた。継母や異母弟が完全に悪者にされてしまったが、それもよく考えてみると、すべて一茶自身によって作りあげられているところに、いくらか問題が残る。裏返していえば、亡き母へのせつないばかりの慕情がある。憎悪に徹底したように、好きだとなると、これまた骨の髄から惚れこんでしまうのである。

一茶は自分を称して「荒凡夫《あらぼんぷ》である」といった。その辺に多くいるような、俳句をつくる風流人なんかではない、という自覚である。世俗の垢にまみれて苦闘する煩悩の人、さりながらへたに悟ったり、へこたれるような弱虫にあらず、と一茶は宣言しているのである。それだけに生活的にはたくましかった。

よく引用されるが、一茶の超人的なヴィタ・セクスアリスを示す「日記」がある。生まれ故郷に永住することになったその翌年、文化十一年（一八一四）四月、一茶は五十二歳ではじめて妻を迎えた。妻きくは二十八歳。たとえばその二年後の文化十三年の八月の日記である。一部を引く。

十六日　晴。白飛ニ十六夜《いざよい》セント行ニ留主《るす》　三交。
十七日　晴。墓詣　夜三交。
十八日　晴。夜三交。
十九日　晴。三交。
二十日　晴。三交。（中略）
二十一日　晴。牟礼ニ雨乞ヒ（中略）隣旦飯　四交。

いやはや、である。夜と指示のないのは昼間にも、なのであろう。二十一日なんか、隣家から朝食をもらってまでして、はげんでいる。

だれもが好む「やせ蛙負けるな」の句は、足立区の炎天寺で蛙角力の催しが毎年ひらかれる、その情景を詠んだものとされている。が、およそそんな童画的なものではない。雌蛙の寵を得んと雄蛙が相争う、勝者が雌蛙を獲得する、その蛙の闘いと、すさまじいくらいに励む交合のさまを詠んだものと、わたくしはにらんでいる。すなわち、強壮剤をのみつつやたらにはげんでいる自分への〝応援歌〟でもあるのである。それを蛙に仮託しているのである。

それだけに、文化十四年三月、完全に引き払うために江戸へ出たとき、愛妻きくあてに送った手紙がすばらしい。長文のものゆえ、その後半だけを。

　長々の留主《るす》、さぞさぞ退屈ならんと察し候へども、病には勝たれず候。其方にはうす着になりて風でも引かぬやうに心がけ、何はたらかずともよろしく候間、十四日、十七日の茶日ばかり忘れぬやうに頼み入り候。旧冬《きゆうとう》より此方は雪（中略）かんかん道なれば、自由自在に馳せ歩かんと思ひけるに、ひぜん（疥癬《かいせん》のこと）に引きとどめられたる一茶が心、御推察下さるべく候。世俗にいふ通り、一升入りの徳利はいつでも一升ぎりより外這《は》い入らずと心にあきらめ申し候。

　帰郷は遅れているが、退屈してはいないだろうか、薄着して風邪をひくな、なにも働かなくてもいいが、命日（母親と祖母の）だけは忘れてくれるな、と心からの情愛を込めて書かれている。ここには一茶のやさしい気の配りよう、愛妻ぶりがよくうかがわれる。

　この愛妻きくは、文政六年（一八二三）五月、一茶が六十一歳のとき、三十七歳で没した。九年間におよぶ結婚生活で、この間に四人の子を得ているが、すでに三人が早逝してしまっている。そして妻を失った年の暮には、残された男の子まで一年九ケ月の短い生を終えている。

一茶の悲嘆は傍目《はため》にみても忍びえぬものがあった。ついにこの人は終生にわたる天涯孤独の境から抜け出せないのか。ただ空しいという思いだけが残ったものと思われる。孤独とは、冷えびえとして、やり切れないさびしさなのである。

小言いふ相手は壁ぞ秋の暮

しかし、一茶は境遇に押しつぶされるような人ではなかった。そこは不屈の一茶である。年改まってすぐの一月六日、句の門弟でもある浄善寺の住職指月に、一書をしたためている。

御安清成《な》され候哉、賀し奉り候。されば残り候一男子、十二月廿一日没し候へば、御咄《はなし》の坊守（後妻の意）ほしく候。参り候て御頼み申し上げ度く候へども、御地は青蠅さわぎ（疫病騒動の意）の風聞おそろしさに延引仕り候。かしこ。

なんと正直な、おのれに素直に生きようとした人であることか。なんの飾りもない。若いときから五十過ぎまで、独りで生きてきたゆえ味わった孤独感と、いちど家庭の温かさを知ったあとの孤独感とは、とても比較にならぬとはいえ、人は少しは虚栄を張るものである。一茶はそんなものをかけらもみせなかった。ナマのままの自分をさらけだした。*

なるほど一茶の俳句には、芭蕉のように高い気韻や幽玄性はなく、蕪村のような芸術性もない。俗の俗たるもの、煩悩執着の凡夫のそれであるといえる。幼稚といえば幼稚、ひがみに徹した皮肉さいっぱいの句ばかり、といってもいい。

芥川龍之介は「冷酷な評語を下すと、何処か髪結床の親方が敬服しそうな所さえある」と頭からピシャリ、萩原朔太郎も「芸術的気品に於て、芭蕉に劣ること万々であり、真の詩人的詩情というよりは、むしろ俗人の世話物的人情に近く、叙情詩として第一流の作品とは言いがたい」と一刀両断する。などなど、大方の識者たちに、一茶はくそみそにやられている。

しかし、泣き笑いの文学というものがあれば、一茶の句はその第一等に位置するように思われる。いや、正しくは笑い泣きとすべきか。俳諧の根本義は滑稽である。笑いを低くみる日本人には敬せられることはないかもしれないが、わたくしなんかには一茶句は楽しくてならない。笑って、そのうしろに涙をみる。一茶の生涯や人間像の複雑さを知れば知るほど、その句に笑い泣きするほかはないのである。

淋しさに飯をくふ也秋の風

春立つや愚の上に又愚にかへる

六十年踊る夜もなく過しけり

＊一茶は生涯に三度妻帯している。最初の妻女のきくとは仲むつまじかったが、早く先立たれる。その一周忌の過ぎるのを待って、和尚さんに頼んで信濃の飯山藩士の娘を後妻に迎えたが、これとはしっくりいかず、わずか二ケ月と十五日で離縁となる。もとの独りものとなった一茶の句がなかなかに楽しい。

大根を丸ごとかじる爺かな

独り寝のたしに降りけり小夜時雨

とはいいながら、やっぱり独りでは寂しすぎる。まだ精力旺盛の証しなのか、愉快な句をつくっている。

わらづとと同じ枕にねる夜かな

かくなって文政九年（一八二六）八月、三番目の妻を迎えた。妻やを女三十二歳。こんな若い女性と六十四歳の一茶が一緒になって大丈夫なのかなと、いらざる心配をしたくなる。一茶は文政十年十一月に死んだ。享年六十五。やを女はこの間のかれの面倒をほんとうに親身になってみた。一茶の歿したとき、彼女の胎内には子供があって、翌年生まれている。六十過ぎても大丈夫であったらしい。

その辞世の句として、伝説的に「盥から盥へうつるちんぷんかん」と「ああままよ生きても亀の百分の一」の二句が伝えられている。後者のほうが面白くて、いい。

気宇壮大すぎた 佐久間象山

その妹お順が嫁したので、勝海舟にとって佐久間象山は義弟にあたる。それゆえに、というわけでもあるまいが、『氷川清話』での、勝の象山評ははなはだ芳しくない。

「顔つきからしてすでに一種奇妙なのに、平生どんすの羽織に古代模様の袴をはいて、いかにもおれは天下の師だというように厳然とかまえこんで、元来勝気の強い男だから漢学者がくると洋学をもっておどしつけ、洋学者がくると漢学をもっておどしつけ、ちょっと書生が尋ねてきても、じきに叱りとばすというふうで、どうも始末にいけなかったよ」

ホラ吹きが海舟の通弊とは承知していても、かなり言い過ぎの感がある。人柄の横柄さが邪魔をしたかもしれないが、象山は幕末という転換期の思想家として、当時の日本がもつことのできた開明派の代表選手の一人であったといえる。世界情勢をしっかりと読みとり、古い思想からの脱皮をいち早く唱え、日本近代化の道をみずから開拓した先駆者であった。ただ、別のところで海舟がいうように「ずいぶん軽率のチョコチョコした男だったが、時の勢いに駆られたからでもあろう」とした面がないわけではなかった。なにしろ自分から「神の寵児」と誇称する無類の自信家であり、「百年の後、わが心事を知るものあらん」と豪語するほどアクの強い人であったから。

そんな一種の奇想の持ち主でもあるこの思想家のことを知るには、なによりも残された書簡を読むのがいい。たとえばその一つ。天保十三年（一八四二）のある日のこと、象山は砲術家として知られる江川太郎左衛門と会談をした。話が西洋火術に及んで、そのすばらしさを知らされると、さっそく江川の門に入って西洋の大砲の研究に取り組む。ただちに実行がこの人の本領である。そして研究すればするほど日本の大砲など問題にならないと、すっかり洋式大砲に魅せられてしまう。そして手紙に日欧の火術の比較論を展開している。

西洋の火術は、すべて、本邦の治平に及び候て後に追々ひらけ候流技とは大相違にて、従来機巧には長じ候国柄の上、多年軍争の間に種々の豪傑の手を経候て、然るのちになり出て候事に候ゆえ、いたつて実用の事どもにて、これに較し候へば、これまで諸流にてもてはやし候遠丁の棒火矢《ぼうびや》などは、児戯に類し申し候。（天保十三年十月、金児丈助あて）

たび重なる戦争の間に改良に改良を重ねられてきたヨーロッパの砲にくらべれば、平和ぼけしている日本のそれは子供の遊び道具にひとしいと、厳しくも、正確な認識である。が、こうした時勢を背景にした種々の痛論よりも、象山の知られざる人となりをそれとなく物語るような、その母に送った面白い書簡がある。これが一等である。日付は嘉永六年（一八五三）六月五日である。すなわちそれより二日前の六月三日（太陽暦の七月八日）は、アメリカの海軍提督ペリーが四隻の軍艦を率いて浦賀沖に到着したまさにその日なのである。折りから、四十三歳の象山は藩内抗争に敗れ、木挽町で砲学塾を営んでいたが、不思議な情報収集能力でいち早くこれを知ると、新橋の松代藩邸にかけつける。それで四日早暁、象山は足軽二人とともに現地に出張すべしとの藩命をうけ、その日のうちに浦賀へ向かっている。手紙はその第一報ということになる。

日々あつき事に御座候へども、何の御さはりもいらせられず候か。私事あまりあまりたつしやにて、昨晩四時すぎ浦賀までちやく致し候まゝ、御安心願上候。今朝はやく起き候て山に登り渡来の船ども一見候処、かねてきゝ候通り大そうなるものに御座候。つがふ四そうの所、二そうはじよう汽せんと申すにて、火の力にて風にさかひ候ても、さしつかひなく走り候船に御座候。一昨日七ツ時前の頃、松わと申すあたりに帆かげ見ゆるなど沙汰し候うち、矢の如くにみなと内に入り来り候由、今朝見候処は陸より十七八町もへだたり候処に一艘有之候。是はコルヘツトと申す船にて、大筒左右に二十四挺、とも（舳先き）に二挺、つがふ二十六挺そなへ候船に御座候。その並びに六七町へだてじよう汽船有之、また六七町（中略）はなれて初めの如き船有之候。そのじよう汽船はいづれも殊に大きく御座候。その回りを此方の御用船帆をかけて通り候を見候に、丁度大たらひの下にはまぐり貝御座候様に見え申し候。

信州松代の、年をとった母あてのためゆえ実にやさしく、噛んでふくめるように、見たままのことを報告している。

はるか遠く鴨居山から浦賀港を望遠鏡で望見したのであろうが、冷静によく観察している。ペリーの率いた黒船四隻といっても、今日からみれば玩具にもひとしい軍艦である。外壁を鉄板で張った蒸気船は旗艦サスケハナ（二五〇〇トン）とミシシッピー（一七〇〇トン）の二隻で、あとの二隻は一〇〇〇トンと九〇〇トンの武装帆船である。この手紙によると、「十七八町」つまり一・八、九キロメートル離れた海面に錨を下ろしている船は、多分帆船のプリマスであったであろう。さらにその向こう七、八百メートル沖合いにミシシッピーが停泊していたものと判断される。象山はこれをきちんと観察している。プリマスは小口径の榴弾砲四門その他十八門である。そしてミシシッピー搭載はやや口径の小さい榴弾砲十二門である。もっとも、いちばんの当事者である浦賀奉行の戸田氏栄の、三日付け江戸表への手紙には、「一艘は鉄張りの蒸気船にて大砲三十から四十挺、一艘は是また鉄張りの様子に相見受け大砲十二挺据え、進退自在にて、櫓かい相用いず、迅速に出没仕り、応接のもの寄付け申さず……」と狼狽そのもので、過大に大砲数を数えている。それに比べれば、象山の落着きのなみでないことがよくわかる。

いずれにしても当時にあっては驚くべき巨艦で、群がる日本の小舟のさまを「大たらひの下にはまぐり貝」と評しているのが、いいえて妙でまことにおかしい。

とても彼れと争ひ候には、私などのかねて申しをり候通り、此方にても大船を彼と同様にこしらへ、大筒をも同じく沢山に作り候上ならでは出来申さず候。此度も大いに見あなどり候て、小ぶね十五六そうおろし、一そうに十人ばかり乗り候も有之、五六人なるも有之、港口諸所のりあるき、縄を下げ海の深浅をはかり、あまつさへ浦賀の燈明台と申す辺へ上陸いたし、悠々と見物いたし候てい、傍若無人の様子と申事にござ候。然るを奉行はじめおそれられ候か、与力同心もこはがり候か、それが上のご趣意に候か、誰一人とがめ候ものもなく、唯見ぬふりしてさし置き候との事、さてさて遺恨この上なき事にござ候。一昨日四艘来り候が、尚あと四艘参り候はんと申事に候由、先づ至つて穏やかなる取扱ひに候へば、此度は何事も有之まじく候。

「私などのかねて申しをり候通り」とあるから、その持論である開明的な海防論を、老いた母にまで象山はつねづね語っていたとみえる。

その持論とは、いま考えても、先見の明にみちみちていたことよ、と感銘させられる。藩主の真田幸貫が老中になった折りに、象山がブレーンとして「海防八策」を献じたのは天保十三年（一八四二）のこと。当時、象山三十二歳、実に、ペリー来航の十一年前である。それというのも、この年の二年前に起った清国におけるアヘン戦争の報が深刻な危機意識となって、彼を根本からゆり動かしたのである。それが建白書となり、そのなかで開国の緊急であることを象山は臆せず述べている。

「そもそも五世界の学術智巧しだいに開け、各国の兵力・所作この形勢に相なり候も、実に天運のしからしむるところ、皇国ひとりこの天運をいかんせさせらるべき。かつ御鎖国の御手段も充分の御国力と御技術ござなく候ては叶はせられず。また学術智巧はたがいに切磋して相長じ候もの故に、始終御鎖国にては御国力・御技術ともつひに外国に劣らせられ、つひに御鎖国を遂げさせられざるに至り申すべく……」

まさに国家の危急存亡の秋なのである。といって攘夷は無謀である。それならば如何にすべきか。

象山は説く。兵器製造の技術をオランダから導入し、軍艦も大砲も国産できるようにすること。作った数多くの大砲を各地要害の地に据えること。洋式大船の建造は幕府の厳禁するところであるが、天下の安危には代えがたく、そうした規制は全部撤廃して、洋式大船をどんどん造り、江戸回米船が難破しないようにすること。外寇防御のために強力な海軍をつくるべし、そのためにも洋式の海戦を早く学び訓練しておくこと。などなど、幕閣の胆をつぶすようなことが、そこには具体的に書きつらねられていた。当然のこと、右の策は一顧だにされなかったのである。

そればかりではなく、結果は悪くでた。藩主の寵をいいことに藩を危うくする姦物として、松代藩中において象山はいよいよ危険人物視されるようになる。

＊

なにしろ文化八年（一八一一）に松代に生まれた象山は、不幸にも小藩であるために、幼いときから白眼視されつづけている。ずば抜けた天才でありすぎたからである。たとえば、江戸から藩の儒学の師として招かれた長野豊山と論争し、彼が松代にいられなくなるほどに、豊山を論破したという。二十三歳のとき、藩の金で江戸に遊学し、朱子学を学び、当代一の声名の高い安《あ》積《さか》艮斎《ごんさい》よりも漢学者としては上といわれる。さらに蘭学を学び、辞書があれば一通りのものは読めるようになる。砲術家として名をなしたのはオランダ語による砲術書を彼が自由に読め自分のものにしたからである。

こうして漢学者として一家をなすのみならず、蘭学者としても一流、さらには押しも押されもしない砲術家となる。その上に象山は好奇心の旺盛な実行家でもあった。蘭学によってえた知識をどんどん実地に応用していく。ショメールの百科全書を読みこなし、ガラスを製造したり、地震計をつくったり、養豚、薬草の栽培、葡萄酒の製造までしている。松代の農家に馬鈴薯を植えることをすすめ、鐘楼をつかって電信を試みることまでした。いま松代が日本の電信発祥の地となっているのはそのためである。

とにかく言うことが大きい。儒教を東洋の道徳、科学を西洋の芸術と称して、われこそはこの二つの学問の融合を図らん、と豪語する。世界五大州をわが手におさめ、その盟主となって全世界に号令すべし、と説くところは気宇壮大にすぎる。聞かされるほうからすれば、誇大妄想以外の何物でもない。

しかも人柄には圭角が強く、アクの濃さは人を辟易させる。これで重役や藩士たちから白眼視されなかったら、よほど松代はおかしい藩ということになろう。

ペリー来航のとき彼が江戸にあったのは、山国の小天地ではおさまりきれず、勢力争いの煽りをくって体よく松代からおいだされていたからである。やむなく深川の藩邸に起居し、砲術塾をひらいたのが嘉永四年（一八五一）五月。小林虎三郎、河井継之助、橋本左内、山本覚馬など俊才の門弟にかこまれてすこぶるいい気分でいるときであったのである。

その門弟の一人に吉田松陰がいた。一日遅れて浦賀にかけつけた二十四歳の、血気にはやるこの若き弟子は、黒船への焼き討ちを計画するなどして象山を困らせる。象山は懇々と諭した。なによりも内外の「時勢」を冷静に認識せよ、と。この「時勢」への認識を欠くときは、空疎な「神州」の自己主張に陥り、攘夷などという不毛の行動主義に終ってしまうであろう。まず外国を知ること、そのためにひそかに三年間ヨーロッパを見てくるようにと勧めたのである。ところが、これが嘉永七年（一八五四）のペリー再来航のときの、松陰の密航事件へと繫がってしまった。

松陰はアメリカの軍艦にのりつけたが追いかえされ、幕府の手によって捕らえられた。この際に松陰の荷物から象山の送別の詩が発見される。得たりや応と、使嗾《しそう》の疑いで幕府は象山を逮捕する。が、国難を救うために海外へ人材を送るのがなぜ悪いか、法は時代とともに変わるものだと象山は抗弁する。お蔭で、こんな危険人物は死罪にせよの意見が有力となったが、象山と昵懇の仲であった川路聖謨が幕閣のあいだを説き、あやうく死罪だけは免れた。宣告は国もとで「永年蟄居」である。

松代における蟄居の生活は象山にとって決して心地好いものではなかった。それに長すぎた。まさに四面楚歌で、松代の人びとは「悪魔象山」とその姓名をもじって呼んだ。獄中での随想を記した『省諐録《せいけんろく》』もよく知られるが、書簡ほどの面白い文章ではない。

そして世は激動の時代である。ようやく象山の開国論を評価するものが一部にでてきたが、むしろ尊皇攘夷派の運動のほうがより活発であった。文久二年（一八六二）提出しておいた意見書が認められて、縛をとかれたとき、象山はすでに五十二歳になっている。彼の時代は過ぎようとしており、日はすでに西山に傾いていた。

翌々年の元治元年には幕府から上洛を要請される。藩は幕府に「身柄は差し上げ切りにしてほしい」と懇願して、象山を喜んで送りだした。「差し上げ切り」とはもう藩に返さないでほしいということ。そうとも知らない象山は得意になって大いに張り切り、大仰ないでたちで、白馬にまたがり都大路を闊歩しはじめた。例によって過激な、性急な意見で、固陋な攘夷論者たちを説得しようとしたのである。過激派がこれを見逃すはずはなかった。

上洛後四ケ月たった七月十一日、三条木屋町の路上で象山は河上彦斎《げんさい》らに襲われて惨殺された。享年五十四。三条大橋に掲げられた斬奸状には「この者元来西洋学を唱へ、交易開港の説を主張し、枢機の方へ立入り、御国是を誤り候大罪云々」とあった。藩はその後さっさと知行を没収し、子息の恪二郎に蟄居を命じている。

藩をのりこえて時代に先駆けた人にとって、信州の山国の藩は小さすぎたようである。*

＊ 念のために書いておくが、子息の恪二郎の蟄居は象山の遭難後わずか三日目である。松代藩の言い分は、象山の刀傷十三のうち、背中の傷は後ろ傷である、それで落命したのは武士にあるまじき不覚である、というものである。もちろん口実にすぎない。

それればかりではなく、京都守護職松平容保の命で新選組が犯人探索に乗り出したと知ると、松代藩の重役が守護職屋敷にやってきて、

「佐久間修理は弊藩の武士であるから、刺客の探索をふくめた事後の処理いっさいは、当然のこと当藩の責任であり、公儀の御手数をわずらわすべき筋にあらず、ひらにお構いこれなきように」

といった。申し入れというよりも、厳重抗議である。では、熱をいれて犯人探しをやったか、となると、それらしい様子は皆無であった。ことによると象山暗殺は裏に藩の工作があったと疑われる筋はたっぷりあるのである。

吉田松陰
穏やかにして気魄あり

ずいぶんと以前になるが、幕末の思想家吉田松陰の書いたものを拾い読みしていて、腰を抜かさんばかりに驚いたことがある。松陰の『丙辰幽室文稿《へいしんゆうしつぶんこう》』にある。

「本邦の帝皇或は桀紂《けっちゅう》の虐《ぎゃく》あらんとも、億兆の民はただ当《まさ》に首領を並列して、闕《けつ》に伏し号哭《ごうこく》して、仰いで天子の感悟を祈るべきのみ。不幸にして天子震怒《しんど》し、尽《ことごと》く億兆を誅したまはば、四海の余民、復た孑遺《げつい》あるなし。而して後神州亡ぶ。若《も》し尚ほ一民の存するものあらば、又闕に詣《いた》りて死せんのみ。是れ神州の民なり。或は闕に詣りて死せずんば、則ち神州の民に非ざるなり」

かなり分かりづらい文章である。ニュアンスが落ちるが、現代語にする。

「日本の天皇が、非道のかぎりをつくした夏の桀王や殷の紂王のような悪逆な政治をされたとしても、億兆の日本の民はただ首を並べて、御所の前に伏し、号泣して、天皇が本当の道を悟られるのを祈るだけである。不幸にして天皇がそのことに激怒されて、億兆の民を殺されるならば、日本中の民に一人の生き残りもいないことになり、神州日本は亡びてしまう。それでもいい。もし一人でも民が残っているとしたら、その人は御所にいき、天皇に殺されねばならない。これでこそ神の国日本の民なのである。その人が御所にいかずに死ななかったならば、そやつは神の国日本の民ではないのである」

恐れいった絶対天皇主義の御託宣である。と、あっさり許してしまっては、この文章が多くの勤皇の志士に与えた影響力を見過ごしてしまう。身分制のがっちりときまった封建体制下にあって、閉塞感で窒息せんばかりの若者たちの心を、松陰は根底から揺さぶった。ニヒリズムに近いこの主張の徹底ぶりは、衝撃的である。

暴虐な天皇があらわれて、日本人をひとり残らず殺しても、喜んで首を切られにいかねばならぬ、それこそが尽国であり尽忠である、結果、国が亡びてもいい、と言う。志士たちは「その通り」とばかりに、勤皇を旗印に若い命をつぎつぎに散らしていった。だれもその不合理さを疑うこともなかった。

いや、ふと、いま思いついた。戦時下のわたくしたちもまた、同じように疑わなかった、という事実を。「大君の辺にこそ死なめ、かへりみはせじ」と、天皇の命のもとに一億玉砕を覚悟し、国が無くなろうとも悔いは残らぬとした。なにも「暴虐な」とかいうことではなく、「仁慈の」天皇のもとにおいても、神の国の民草は生涯のすべてを捧げようとした時代がすぐそばにあったのである。

松陰の激越な不条理の思想は、というよりも情念というべきか、延々と近代日本史を通して生きつづけていたのである。

＊

松陰は文政十三年（一八三〇）、萩市郊外の松本村に、二十六石取りの下級武士の子として生まれた。幕府によって処刑されたのが安政六年（一八五九）であるから、かれはこの短い三十年の一生を、ひた走りに走りつづけたような男である。正確には走らされたというべきか。歴史にＩＦはないが、騒然たるペリー来航の嵐のなか、幕府崩壊という時代にめぐり合わなければ、せいぜい藩で軍学を講じる温和で情熱的な教師として、山陰の萩の町に生涯をおえたかもしれない。が、そうはならなかった。時勢が突如、激変したのである。

嘉永六年、ペリーの黒船が浦賀沖に姿を見せたとき、松陰は二十四歳、ちょうど遊学で江戸に着いた直後のことである。到着が五月二十四日、来航が六月三日。歴史の皮肉なところである。これでは松陰に「走れ」と黒船がハッパをかけたようなものである。いやでも開国か攘夷かという国家の大事を論ずることとなる。

しかもかれを大きく他と区別する特色は、思想はつねに行動されなければならないとする点にある。国禁を犯して密航を企て（しかも二度）、年号の変わった安政元年、萩に戻され、野山獄に幽囚の日を送ることになる。

その後、出獄を許され、やがて安政三年九月、松下村塾の創設におもむく。大きく言えば、松陰がこの小さな塾を開いたときから、明治維新への道の第一歩が踏み出されたのである。維新の初動期において、動いていたのは水戸、薩摩、土佐、越前である。しかし、長州藩が討幕に動かずしては時代は変革しない。この大藩が暴走することで時勢は根幹から揺さぶられ、急速に回転しだすのである。

この暴走は疑いもなく、松下村塾が萩城下につくられてからはじまった。革命は薩摩藩の冷徹な、計算ずくの戦略主義や、土佐藩士ひとりひとりのいわゆる草莽の死闘だけでできるものではない。長州藩をあげての破れかぶれの突進があって、歴史に風穴があけられるのである。松下村塾なくして長州革命派の結成はなく、武力討幕思想の誕生もない。

しかも驚くべきは、松陰はここでわずかに二年半余しか教えていないことである。影響力とは時間の長さではない。新時代に目覚めた下級武士たちの、揺れる心に火を点ずれば充分なのである。点火するのに余分の時間はいらない。

松陰はみずからを「狂愚」といった。危機に際し、危機を乗りきる方途を実地に体当たりして求め、妨害するものあらば、一死をもってそれを除く。それはその時代の、平安、安穏、穏健な常識からみれば、まさに狂にして愚そのものである。手紙で松陰は、自信をもっていう。

今日の逆焔《ぎやくえん》は誰れが是を激したるぞ、吾が輩に非ずや。吾が輩なければ此の逆焔千年たつてもなし。吾が輩あれば此の逆焔はいつでもある。忠義と申すものは鬼の留守の間に茶にして呑むやうなものでなし。吾が輩屏息《へいそく》すれば逆焔も屏息せようが、吾が輩再び勃興すれば逆焔も再び勃興する。（中略）僕は忠義をする積り、諸友は功業をなす積り。

逆焔を革命運動と置き換えれば、文章はただちに理解されようか。おのれは「狂愚」のままに忠義をつらぬく。他と違うのは、余のものは出世するような仕事をこころがけていること、と。松陰は革命の可能性を求めて命のある限り挺身した。この純乎たる「狂気」が、久坂玄瑞、高杉晋作、木戸孝允たちを魂の奥底からひきつけ、ゆり動かした。

はたして松陰は、フランス革命にもロシア革命にも中国革命にもいたような、天才的アジテーターであったのか。それははっきり違う。かれの精神には、人を煽動《せんどう》しようとするような下卑たところなど微塵《みじん》もない。それこそ「君は功業をなせ」である。他人が動こうが動くまいが関係なく、すべては自分の問題として思想を語ったのである。そして行動こそ唯一の思想表現の場であると説いたのである。不器用なほどにひとつのことを言いつづけた。それにつけても、そのラジカリズムにはそら恐ろしさを感じないわけにはいかない。

吉田松陰とはどんな人であったのか。司馬遼太郎氏は「松陰はわかりにくい」と言い、「松陰は現実のなまのかれ自身に会ってみなければわからぬような、そういう機微な人格的魅力をもった人のようにおもえる。その人格的機微にふれたとき、ふれた者はその場からでも走りだしたくなるような人物ではないかとおもわれる」と説明するが、恐らくそのような奥行きのある、深い精神構造をもった魅力ある人物としか誰にも言い様がないのかもしれない。

ひとつだけ理解を深める道がある。書簡である。松陰という人は、実によく手紙を書いた人なのである。現在、二十歳からその死までの約十年間に書かれた約六百通の手紙が残っている。政治情勢から、学問や思想、社会の動向、おのれの細々した消息まで、幕末の時代相や松陰その人の人間性が見事に描きだされている。

なかでも有名なのは、安政元年（一八五四）十二月三日、野山獄から妹千代にあてて書いた「女訓」ともいえる長文のそれである。そこにはいかにも心優しさにあふれた松陰がいる。


……御たようの中にも、手習よみものなどはこころがけ候へ。正月には、一日共はやぶ入り出来申すべきや。どうぞあに様の御きう日をえらび参り候て、心得になる噺ども聞き候へ。拙もその日分り候はば、昔噺なり共したためて遣し申すべし。又正月にはいづくにもつまらぬ遊事をするものに候間、夫《それ》よりは何か心得になるほんなりとも読でもらひ候へ。貝原先生の大和俗訓、家道訓などは、丸き耳にもよくきこゆるものに候。又浄るりぼんなども心得ありてきき候へば、ずいぶん役にたつものに候。

とてものこと、不条理な思想と熱情をもった人の手紙とは思えないくらいに、妹をいたわる穏やかな気持ちがあふれでている。獄中にあって、温かい心を保持していることがわかる。

この手紙をもらった後にも、千代が俳句の作り方を問うたのであろうか、松陰は丁寧に答えている。ここもなかなかに情があっていい。

……さして六ヶ敷《むつかしき》事にはある間じく候。存候所を申すべし。発句は趣向をたてゝすべし。題に相応の趣向あるべし。たとへば梅の句なれば梅は体なり。それへ橋にてももつて向かふが則ち趣向也。あとは句作りと心得べし。柳の句なれば柳は体なり、浪は用なり趣向なり。これへ句作を付けてすべし。

浪にたつ　涼しさ持て　柳かな

(中略)

発句はたゞ心に思ふまゝを作るべし。

発句には必ず季節と申すものを入ねばあしゝ。

と、こんこんと諭して、さて、自作の句をいくつか書き記している。即興句らしいが、いささか微笑を禁じえない。

うら枯や只さう〳〵と夜の風
広野ゆく吾袖寒き尾花哉
朝霧に跡先知れぬ縄手哉
図《はか》らずも木の葉を散らす秋の風
珍らしう呼れて訾める新酒哉

つまり、どう贔屓目にみてもお上手とは思えない。が、教育者らしく一所懸命に作っているのが、松陰らしくていい。

安政二年（一八五五）十一月、獄中の松陰が母に送った手紙も興味深い。

……あね様にも御目出たき御様子承り、明しくれし其期を相待居候間、何卒御支《さわ》りなう御渡り被成候へかしと、それのみねんぐわんに御座候。安三も大分字が出来だしよろこび入参らせ候。お文は定めて成人仕りたるにて可有之、仕事も追々覚へ候や、間合〳〵に手習など精を出し候様仕度奉存候。先は此間の御うけ且御見舞申上度、荒々かしこ。

寅二

おかゝ様

野山の獄中にあったとき、札付きの悪党どもも松陰を慕い、ことごとく改心したという話がある。天性ともいうべき人間にたいする親切さと、対等のつきあいがそれをもたらした。それは頭で考えて、そこに到達した優しさや平等主義ではなく、つねに信念を静かに語りかけるその人柄のうちにもともとあったもの、とみるべきなのであろう。いたずらに大言壮語する久坂や高杉たちを戒める手紙にこうある。「平時は大抵用事のほか一言せず、一言する時は必ず温然和気婦人好女の如し。是が気魄の源なり。慎言謹行卑言低声になくては大気魄は出るものに非ず」と。まさしく、時代を過激に転回させた影響力と原動力は、いってみれば穏やかにして大気魄に満ちた松陰の人柄のなかにあった、といえるようである。

天馬空を征く

坂本龍馬

龍馬は天保六年(一八三五)十一月、高知城下本丁筋に生まれる。坂本家は、元来才谷屋の分かれであり、才谷屋は城下の豪商で、株を買って郷士となったものである。それで幼少のころの坂本龍馬は武士らしいまともな教育を受けていない。嶋岡晨さんがいうように、幕末のひとかどの志士といわれる人物たちは、久坂玄瑞にしろ武市半平太にしろ中岡慎太郎にしろ、何らかの形で時勢論・政治論を書いているが、龍馬には肩肘いからした論稿は一枚もない。かわりに彼は暇さえあればせっせと手紙を書く。しかも重要な手紙はほとんどが、お仁王さまとよばれた母親がわりの姉乙女あてのものである。*おおらかでユーモラスな人生論的な感慨にくるまれて、彼の政治思想や行動原理は、書簡のなかにすべてこめられている。そこに龍馬の手紙を読む何ともいえない楽しさがある。

それにしても、とにかくびっくりさせられるのは、坂本龍馬という人の思想的変転である。一言でいって、短期間にこれほど飛躍をとげた日本人はいないのである。ただし、独創はないかもしれない。しかし応用篇ときたらこれはもう頭抜けている。

ペリー来航のとき(一八五三)、江戸にあって剣の修行をしていた龍馬は十九歳、国もとの父へ一書を送っている。そこで「異国船ところどころに来り候由に候へば、軍《いくさ》も近き内と存じ奉り候。その節は、異国の首を打取り帰国仕るべく候」と勇み立っている。まさしく平均的な意識の上に立つ攘夷論に発する言葉である。当然で、外圧に抗して独立国家たらんとするために、攘夷にこそ時代の理性があると、幕末の日本人はひとしく認めていたのであるから。

龍馬が土佐藩を脱藩したのはそれから九年後の文久二年（一八六二）三月、寺田屋事件、生麦事件などが起き、攘夷運動のもっとも熾烈なときである。脱藩したかれは同年、友と連れ立って、開国論者で名をはせている幕臣勝麟太郎（海舟）を斬りにいく。ところが勝の説く世界観や、それにもとづく「開国進取」の考えにいっぺんにいかれてしまう。翌年三月二十日の乙女あての手紙が傑作である。ここにひとつの観念に捉われない龍馬の真骨頂がある。

扨《さて》も扨も、人間の一世は合点の行かぬは元よりの事、運の悪い者は、風呂より出でんとして睾丸《きんたま》を詰め割りて死ぬる者もあり。夫《それ》と比べては私などは、運が強く、何ほど死ぬる場へ出ても死なれず、自分で死のふと思ふても又生きねばならん事になり、今にては日本第一の人物、勝麟太郎殿という人に弟子になり、日々、兼ねて思ひ付く所を精《せい》といたしおり申し候。其故《それ》に、私、年四十歳になるころまでは、家《うち》には帰らんよふに致し申すつもりにて、兄《あに》さんにも相談致し候所、このごろは大きにご機嫌よろしくなり、そのお許しが出で申し候。国のため天下のため、力を尽くしおり申し候。

出だしの卑猥な譬えばなしには顰蹙する御仁もおられようが、それだけ勝海舟という天下の傑物の弟子になったことが嬉しかったんだ、とみれば納得もされるであろう。さらに五月十七日付けの乙女あてのものがつづく。

此頃《このごろ》は、天下無二の軍学者、勝麟太郎といふ大先生に門人となり、ことの外かはいがられ候て、先《まず》、客分のよふな者になり申し候。近きうちには、大坂より十里余りの地にて、兵庫といふ所にて、大きに海軍を教へ候所をこしらへ、又、四十間、五十間もある船をこしらへ、弟子どもにも四、五百人も諸方より集まり候事、私はじめ栄太郎（千屋孝健）なども、その海軍所に稽古学問いたし、時々船乗のけいこもいたし、稽古船の蒸気船をもつて近々の内土佐の方へも参り申し候。其節御見にかゝり申すべく候。

海舟の発案で、神戸に海軍操練所ができることになり、塾頭として龍馬はやがて活躍することになる。いまはそのことが嬉しく楽しくてならないのである。どうだ、姉さん、俺が昔いったとおり、これからの世は海軍だ、と龍馬はエヘンエヘンと得意になる。

すこしエヘン顔をしてひそかにおり申し候。達人の見る眼は恐ろしきものとや、徒《つれ》然《づれ》（草）にもこれあり。猶《なお》、エヘン、エヘン。かしこ。

思わず頬が緩んでしまう。龍馬はときに二十九歳。

と、好意的に書いてきても、これでいっぺんに海舟のように思想的に時代の〝異端〟になった、というわけにはいかない。文久三年五月、長州藩の外国船攻撃（馬関戦争）が起こる。攘夷は現実の闘いとなった。この動乱にさいしての、六月二十九日付け、姉あての手紙では、いまだ攘夷と開国との間に揺れる心の微妙な動きをうかがわせられる文字がある。書き出しが「この文はごく大事の事ばかりにて、けしてべちやくシヤベクリには、ホホヲホホヲいややの」と、ふざけながら、吹聴や他言を禁じている。いまの手紙でいう「親展」である。

……誠になげくべき事は、長門の国に軍《いくさ》はじまり後月より、六度の戦に日本甚だ利すくなく、あきれはてたる事は、その長州でたゝかいたる船を江戸でしふくいたし、又長州でたゝかい申し候。是《これ》みな姦吏《かんり》の夷人と内通いたし候ものにて候。（中略）朝廷より先づ神州をたもつの大本《たいほん》をたて、夫《それ》より江戸の同志（はたもと大名、その余段々）と心を合せ、右申す所の姦吏を一事に軍《いくさ》いたし打殺し、日本をいま一度せんたくいたし申し候事にいたすべくとの神願にて候。

敵艦を横浜あたりで修復してやっている幕府の情けなさを、龍馬は怒り歎いている。尊皇攘夷よりさきに「日本の洗濯」である。倒幕の意志ともとれるが、それよりも主張しているのは、国家統一である。その大事のためには全力をつくし、長生きするつもりはない決意のほどを、例によって冗談半分のような調子でつづけている。

私が死ぬる日は天下大変にて、生きておりても役にたたず、おろん(?)ともたたぬよふにならねば、中々狡《こす》い嫌なやつで死にはせぬ。然るに土佐の芋掘りともなんともいはれぬ居候《いそうろう》に生れて、一人の力で天下動かすべきは、是《これ》また、天よりする事なり。かう申しても決して決してつけあがりはせず、ますますすみかふて、泥の中の蜆《すずめ》貝のよふに常に土を鼻の先へつけ、砂を頭へかぶりおり申し候。御安心なされかし。穴かしこや。

愉快なのは、自分でも「狡い嫌なやつ」と承知していること。それもまた、天下を動かすという大目的を遂行せんがための策略、というより「土佐の芋掘り」といわれている一介の浪人のおのれにできる精一杯の知恵なのである。その日を実現するまで、シジミのように泥のなかに身を隠し、死んでたまるか。で、穴かしこ、なんである。ユーモラスではあるが、悪戯っ子の龍馬はあくまで真剣なのである。

＊

こうして龍馬は維新の前年の慶応三年（一八六七）には『船中八策』（『新政府綱領八策』）を記すまでに至るのである。「一、天下の政権を朝廷に奉還せしめ、政令よろしく朝廷より出づべきこと。一、上下議政局を設け、議員を置きて、万機を参賛せしめ、万機よろしく公議に決すべきこと」などなど――もうこのときの龍馬は、佐幕も討幕をも超えている地点に達している。幕府と武力対決なしに、開明的な、きたるべき統一国家を構想した。大政を朝廷に奉還し、列藩会議的な議院制の確立と、世襲特権の廃止を訴えるのである。国家のいくべき進路はそれ以外にないと確信している。

薩摩と長州との同盟の仲立ちをしていたとき、たがいに疑心暗鬼でさっぱり事の進まないのをみて、龍馬が桂小五郎を叱りつけた言葉が、実に印象的である。

「オレが両藩のために挺身尽力するのは、決して両藩のためにあらざるなり。区々《まちまち》の痴情を脱却し、何ぞ丹心を吐露し、天下のために将来を協議せざるか」

このとき龍馬が目指したのは、志士たちから〝尊皇攘夷〟の思想を捨てさせることにあったのである。すなわち〝討幕〟をも一緒に棄てさせ、西洋＝近代に対抗するために、西洋に学んで日本国を一日も早く一つにして近代化することにある。これがいまの国内の分裂と混沌と、いよいよ武力対決化しつつある紛糾をとめる最良の策である。そのためにも、薩長という二つの大藩の志士たちを、彼の思想、彼の目指す道へと引き入れようとした。

彼はその目的のために土佐の重役後藤象二郎に親しく近づいていく。自分の海軍（海援隊）のために財政援助させるとともに、その当面の目的である大政奉還を、後藤の手を借り土佐藩をバックにして実現しようというのである。しかし、かつての土佐勤皇党の直接の弾圧者は、誰あろう後藤その人であったのである。すべては統一国家建設のためである。そこまで飛躍しきれない連中は、当然、龍馬に不信の眼を向けた。疑惑は高じると、裏切り者と思えてくる。いちばん龍馬を理解しているはずの姉の乙女ですら、可愛い弟がどこか違う道に迷い込んだとすら思ったようである。それにたいして疑問に答える龍馬の手紙がある。

……後藤は実に同志にて、人のたましいも志も、土佐国中で外にはあるまいと存じ候。そのほかの人々は皆少々づゝは、人がらがくだり申し候。（中略）かれこれの所御かんがへ成され、姦物役人にだまされ候事と御笑ひ下されまじく候。私一人にて五百人や七百人の人を引て天下の御為するより、廿四万石を引て天下国家の御為致すが甚だよろしく、おそれながらこれらの所には、乙様の御心には少し心がおよぶまいかと存じ候。

さすがの姉様もわが精神の高みにまでは及んでいないようだ、と龍馬は書いている。

こうして龍馬は所信の道を突き進む。彼はもう単純な武力蜂起による討幕には眼もくれていなかった。しかし、薩摩の西郷隆盛も大久保利通も、長州の桂小五郎も、同志である中岡慎太郎も、平和裡の新国家建設ではなく、幕府を討伐せずばやまずと、政権奪取の革命意識を燃やしていた。西郷が薩摩藩士有馬藤太に語った有名な言葉がある。

「尊皇攘夷というのはね、ただ幕府を倒す口実よ。攘夷々々いうて、他の者の士気を鼓舞するばかりじゃ。つまり尊皇の二字のなかに討幕の精神がふくまれているわけじゃ」

この人たちにとっては、めまぐるしく回転する龍馬の頭脳と行動力にはついていけず、その非戦論は不要のものになっていた。先見の明をもって先へ先へと歩を移していく龍馬には、過去はあくまで過去でしかなかったが、多くのかつての同志はそうではなかった。

慶応三年（一八六七）十月三日は、龍馬が演出した大政奉還の大芝居の幕あけの日である。この日、土佐藩代表後藤象二郎は将軍に、前藩主山内容堂の大政奉還の建白書を提出、無理にも意見具申するために、二条城に登城する。その十日後、後藤にあて、必死の覚悟をもとめた龍馬の激励の書簡がある。これがすばらしくいい。いつものお茶らかしや、飄々たるところがなく真剣そのものである。

御相談遣《つか》はされ候建白の儀、万一行はれざれば、固《もと》より必死の御覚悟ゆえ、御下城これ無き時は、海援隊一手をもつて大樹（徳川慶喜）参内の道路に待ちうけ、社稷《しやしよく》の為、不倶戴天の讐《あだ》を報じ、事の成否に論なく、先生に地下に御面会つかまつり候。草案中に、いつさい政刑をあげて朝廷に帰還し云々、この一句、他日幕府よりの謝表中に万一遺漏《いろう》これあるか、あるいはこの一句の前後を交錯し、政刑を帰還するの実行を阻障せしむるか。従来、上の件は鎌府（鎌倉幕府）いらい武門に帰せる大権を解かしむるの重事なれば、幕府においてはいかにも断じ難きの儀なり。これ故に営中の議論の目的、ただこの一款《かん》のみにあり。万一、先生一身失策のために天下の大機会を失せば、その罪、天地に容《い》るべからず。はたして然らば、小弟また、薩長二藩の督責《とくせき》を免れず。豈《あに》、いたづらに天地の間に立べけんや。誠恐誠懼。

とにかく政権を朝廷へ奉還する。この一事が大事と力説し、もし建白書が容れられないようなことがあったなら、生きてはいられませんぞ、こっちも死ぬ気だ、ついでに将軍も暗殺する、と龍馬は象二郎を脅迫している。

徳川慶喜は、しかし、賢明であった。「大樹公、政権を朝廷に帰すの号令を示せり」との象二郎の手紙を受けとったとき、龍馬は眼に涙をうかべて、傍らの海援隊の隊士に何度も何度もくり返していった。

「将軍家、今日のご心中さこそと察せられる。よくも断じたまえるものかな。よくぞ断じたまえるものかな。自分はいまより誓って大樹公のために一命を捨てる覚悟である」

暴力集団と化している薩摩そして長州の討幕派にとっては、そんな反革命論者である龍馬を生かしておく要はない、邪魔者は消せ、である。それで十一月十五日、龍馬は革命派の裏からの工作があってあっさり暗殺された。享年三十三。司馬遼太郎さんの『竜馬がゆく』は、その死を「天に意思がある。／としか、この若者の場合、おもえない」と記すが、かならずしもそうとは思えない。歴史は、龍馬の死ののち、彼の考えたくもないほうへ進む。おそらく維新後に建設された「万世一系」の〝天皇の国家〟への道など、死にぎわの龍馬の脳裏をかすめることすらなかったのではないか。

＊龍馬と三つ違いの姉、乙女さんについて、少し補足しておく。

『坂本家系考』によれば、この愉快そうな姉さんは、色の白いのが最高の取り柄で、あとは当時の女性の「美」の範疇におよそどれ一つ当てはまらなかった人、というからア然とさせられる。背は六尺豊か、すなわち、ざっと一八〇センチ余りの大女。縮れっ毛で、近眼。

残された資料によれば、この人は五尺（一五〇センチ）にも足らない医者のところに嫁いだ。ところが男にはすでに身の回りの世話をする女がいたし、姑は無類のけちであったそうで、これでは女房としての苦労のなみなみでなかったことが察せられる。それでも子を生んだ。されどついに我慢の限界がきて、十年後に離縁となり、子をおいて坂本家に戻る。ところが、龍馬亡きあとの夢を託したこの子も、十四歳で亡くなったというから、母に先立ったことになる。さぞがっかりしたことであろう。あとは話らしい話を残すことなく、彼女は明治十二年まで生き、この年の八月に四十八歳で世を去った。とにかく、龍馬に母のごとく慕われた女傑は、あまり幸福な一生を過ごすことはなかったようなのである。

勝海舟と西郷隆盛
政治家と革命家

幕末ぎりぎりの段階で薩長というのはほとんど暴力であった。暴力は、自分の戦略にとって都合のいい基準で、正義と不正義とをわけ、「不正義の牙城なり」との烙印を幕府に押しつけた。薩長は〝勤皇〟を唱えたが、つきつめれば不平不満の貧乏公家をうまく利用し、関ヶ原いらい三百年来の私怨と天下取りの野望とによって、強引に武力倒幕を敢行したまでである。

革命運動の中心にあったのが西郷隆盛である。元治元年（一八六四）の春、軍賦役（軍事司令官）に任ぜられて、京都に上っていらい、慶応四年（一八六八）までの四年間は、西郷の生涯のなかでいちばん華やかで、最高に充実したときであった。

何があっても徳川慶喜を討つという西郷の考え方は、慶応四年二月二日付けの大久保利通あて書簡に述べられている。

慶喜退隠の歎願、甚だ以て不届き千万、是非とも切腹迄には参り申さず候では相済まず……

しかし、必ず越前や土佐などより寛大論が起ってくるであろう。そんなものを許容するとことが中途半端になる。断然追討すべし、と説き、押詰め候処を寛に流し候ては、再びほぞをかむとも益無き訳に到り候はん。併し長評議に因循《いんじゅん》を積み重ね候ては、千歳の遺恨と存じ奉り候間、何卒御持ち合せの御英断を以て御責め付け置き下され度三拝九拝願ひ奉り候。

長々とした議事は無用、実行あるのみ。西郷は自分の意志を押し通そうとするときには、丁重な文章を書く。「三拝九拝」と哀願せんばかりである。背中を丸めつつ煽動《せんどう》している。

前年十月、徳川慶喜が大政を奉還することで、逆に薩長の武力討幕派が追い詰められる。しかし、西郷はびくともしなかった。あくまで武力によって徳川を倒すためには非人道な手段たりとも辞せぬ決意である。十二月五日付けの島津久光に状況を報告した書簡が残っている。来る八日、宮中の小御所において最後の会議が開かれる。幕府の勢威も地に落ち、との観察を披瀝《ひれき》した上で、西郷は書いている。

此上は十分王政復古の御基本は罷り立ち申す可き勢にて、太政官御取り起しの一条も、細々と御手順相立て、八日迄の御期限相定め申し候。只今模様にて、幕府においてはいよいよ反正の姿にて決して動揺いたす勢は相見えず候へども、会桑の処は如何にも安心は出来申す間敷《まじく》か、動くものならば此両藩かと相察せられ申し候。

と、新政府の樹立は大丈夫だと確信し、八日までにクーデタをおこなう手筈まで整えたことをはっきりと書いている。これに反撃してくるのは会津と桑名の両藩であろうと、読みもなかなかに深い。八日に予定の小御所会議はずれて十二月九日に開かれた。その前日の八日付けの、岩倉具視にあてた手紙で、

今般、御英断を以て王政復古の御基礎召し立てられ度く、御発令に付ては、必ず一混乱を生じ候やも図り奉り難く候へども、二百有余年太平の旧習に汚染仕り候人心にござ候へば、一度、干戈《かんか》を動かし候て、反って天下の耳目を一新し、中原を定められ候御盛挙と相成るべく候へば、戦を決し候て、死中活を得るの御着眼最も急務と存じ奉り候。

と、へっぴり腰となる公卿の尻を叩き、西郷は死中に活をもとめ断々固として干戈(戦争)に訴えることを辞を低くして強請する。いまは武装闘争のとき、反対するなら土佐藩主であろうと斬って捨てよ、との覚悟を示したのである。自身が会議に列席しなかったのは、この時機に及んでは、用うべき手段は武力のみで、議論の要はないという

確信に基づいている。彼は御所を囲む反幕諸藩の兵の指揮をとっていた。

こうして慶喜将軍辞職、王政復古・新政府樹立の宣言が発せられる。西郷の画策にでた幕府武力討伐の態勢は動きだした。戦いを起こすための、江戸における治安攪乱のゲリラ行動、結果としての薩摩藩邸の焼き打ちの誘発。そして鳥羽・伏見の戦いから、兵《へい》站《たん》のままならぬまま息もつかせぬ江戸進撃と戦争は遂行された。一つ一つの局面で難関を突破して、倒幕を完成させた彼の活躍は水際立っている。その意味からは、西郷は実にすばらしい軍事指導者、あえていえば稀代の革命家であった。

三宅雪嶺の『同時代史』は、維新戦争における西郷をこう描いている。

「勝つか、敗るるか、危惧の念に駆らるる時、西郷を見れば泰然自若、笑を含みて必勝を信ずるが如く、依りて頓《とみ》に勇気の増すを覚ゆ。西郷の戦功は作戦計画に在らず、攻城野戦に在らず、危きに臨みて怯を勇にし、弱きを強くし、退くを進ましむるに在り」

革命家リーダーのもつカリスマ性が、西郷にあったことを指摘した評ともいえようか。人心は彼によって巧みに煽動された。それゆえに、といってもいい。江戸開城が終わると、西郷の出番はほとんどなくなってしまう。その理由を、西郷みずからが語っている。

「若《も》し一個の家屋に譬うれば、われは築造することにおいて遥《はるか》に甲東（大久保利通）に優《まさ》って居ることを信ずる。然《しか》し、既に之を建築し終りて、造作を施し室内の装飾を為し一家の観を備うるまでに整備することに於ては、実に甲東に天稟あって、我等の如き者は雪隠《せっちん》の隅を修理するも尚お足らないのである、然しまた一度、之を破壊することに至っては甲東も乃公《おれ》に及ばない」（毛利敏彦『大久保利通』より）

よく西郷は革命と破壊の行動家であり、大久保は建設と秩序の政治家であるといわれるが、西郷自身がそれを肯《うべな》っているところが興味深い。そして西郷の書簡が、人格者にして革命家の人間的陰翳《いんえい》をよく物語っている。抗しがたい強固な意志を語りかけるに、何と身を幾重にも折って優しく懇願することか。

＊

この革命家西郷にとっての総仕上げである慶喜討伐、江戸城武力占領の大プランの前に立ち塞がったのが、海舟・勝麟太郎である。西軍が江戸に迫る危機的段階に際して、勝が、山岡鉄太郎に託して、駿府の総督本部にいた西郷参謀につきつけた一書は、よく知られている。勝の信念と気迫とが、肺腑よりほとばしり出ている名文である。嘆願書にして嘆願書にあらず、敗者の卑屈さは微塵もない。

無偏無党、王道堂々たり。いま官軍鄙《ひ》府に逼《せま》るといへども、君臣謹んで恭順の道を守るは、わが徳川氏の士民といへども、皇国の一民なるを以てのゆえなり。

と、いまはいたずらに内乱で国を乱しているときではない、と正面から主張し、一点不正の御挙あらば、皇国の瓦解、乱臣賊子《らんしんぞくし》の名目、千載の下消ゆるところなからむか。

と、正論で押しまくる。西郷の痛いところである。その指揮下に西軍のやってきたことは、まさに覇道で、王道ではない。きたない策略であり、無法の連続である。これでイギリスやフランスなどの介入を招き、国を滅ぼさんか、千載の悔いですまされることではない。

が、ここではこの有名な一書よりも、前後して勝が西郷に送ったもう一つの手紙を、部分ながら引用することにしたい。これまた、勝の胸の底の底にあるものが、噴き出しているようないい文章である。

昨年以来、上下公平一致の旨あれども、各々その中に小私あり、ついに当日の変に及ぶ者は皇国人物乏しきに因る。（中略）堂々たる天下、ついに同胞相喰む。なんぞその陋なるや。（中略）その戦ひ名節条理の正しきにあらず。各々私憤を抱蔵して、丈夫のなすべきところにあらず。吾人これを知れども、官軍の猛勢、白刃飛弾をもつて、濅《みだ》りに恇《おう》弱《じゃく》の士民を劫《おびや》かすときは、われもまた一兵をもつて、これに応ぜずんば、無辜《むこ》の死ますます多く、生霊の塗炭、ますます長からんか。軍門実に皇国に忠ずる志あらば、よろしくその条理と情実を詳《つまびら》かにし、後一戦を試みよ。わが輩もまたよくその正、不正を顧み、あえて漫りに軽挙すべからず。

軍門すなわち西郷よ、なんじら西軍が勝ちに乗じてなお攻撃を続行する分には捨てては置かず、われも一戦の覚悟はできている。やる気があるならやって来い、との気魄を示しつつ、それは多くの無辜《むこ》の民衆を殺し、国を滅ぼすことになる。歴史はこれを許さない。そう勝は西郷に情理こもごも呼び掛けた。

こうして慶応四年三月十四日、江戸城総攻めの前日、勝は西郷と会談し一気に無血開城の決着をつける。会談は対等の談判であり、政治家勝の理にかなった論理が、革命家西郷の熱情を冷ました。いいかえれば、勝の気力勝ちといえる。

勝の、尺進あれど寸退なしの気力の背景には、事破れた場合に備えての奇想天外な作戦計画があった。府下の博徒の親分三十余人、江戸いろは四十八組の火消しはもとより、日本橋の魚市場、神田の青物市場の兄ィたち、血の気の多い連中に話をつけておいた。

「もし錦切れ（西軍）が強いて進撃したならば、ただちに江戸八百八町に火を放って、やつらを焚殺しておくれな」

火攻めによるみな殺し作戦である。西郷はそうした勝の底知れぬ怖さをよく知っていた。西郷が勝と初めて会ったのち、大久保利通に送った手紙がある。

　初めて面会仕り候処、実に驚き入り候人物にて、最初は打叩くつもりにて差越し候処、頓《トン》と頭を下げ申し候。どれだけ智略があるやら知れぬ塩梅《あんばい》に見受け申し候。先づ英雄肌合の人にて、佐久間（象山）より事の出来候儀は一層も越え候はん。学問と見識においては佐久間抜群の事に御座候へども、現時に臨み候ては此の勝先生と、ひどくほれ申し候。

徹底的殲滅を期した西郷は、その人間的大らかさゆえに、ついに鬼にはなれなかった。勝は西郷の、道義には弱い、篤実ともいえる人間性をとくと承知し、友情を感じていた。むしろ西郷の精神的な潔白さ、哲人主義的な生き方を好ましく眺めていた節がある。つまりは、あの男が西軍の中心にいるならば、と安心して談判の機を待っていたのである。

明治十年の西南戦争によって、賊徒とされた西郷の汚名を雪いでやりたいために、政府の要人となっていた山岡鉄太郎に送った明治十六年（一八八三）十一月五日付けの勝の書簡がある。

（今年は西郷死後七周忌になる）既に問罪の御典は相立ちをり、是れより前々の大功労、子孫に蒙るの御所置に成し下され候はば、冥々《めいめい》の中、暗に西陲《せいすい》の人心に感恪《かんかく》を起し、聖天子の御深慮、不言に相蒙り、大いに後来の御為哉と存じ奉り候。

側近にあるものが皆して天皇に申し上げてくれるならば、成否はともかく、それこそが「補弼《ほひつ》の御任に愧ずることこれ無きかと、恐れながら存じ奉り候」と、不敵の勝らしく脅迫まがいに西郷の賊名赦免を依頼している。勝の西郷好きの証しである。泉下の西郷は、さぞや感泣していたことであろう。

乃木静子の死と「母の訓」

高橋宗重郎『日本名翰集』をパラパラとしていたら、ある特別な記憶と、きわめて個人的な感慨とをもって、乃木静子の一通の書簡にひどく魅きいれられた。この女性は、日露戦争の第三軍司令官の乃木希典大将の夫人である。将軍は明治天皇の死に殉じ、夫人はその夫の死に殉じた。その死顔はおだやかであったという。戦前の教育をうけた人なら、誰しもが記憶しているであろう。その昔は、乃木大将が武人の鑑ならば、静子夫人は貞女の鑑とされていた。

その書簡というのは、姪女が婚家さきにおいて姑との折り合いの面白からざるを訴えてきたとき、静子夫人が人の妻としてのあり方を、自分の体験に即して懇々と諭した、その一節である。

……此の節は寒気強く候につき、暖く相成り候はゞ、宅へ御出かけなさるべく、その節よく御噺《はな》し申すべく候へども、御前様には十分の御教育御受けなされ候ことにつき、申すまでもなく候へども、第一姑に於いて少々無理御座候とも、嫁たるものは飽くまで孝道を尽し候は、古来より人たるものゝ義務に御座候。何卒申すも疎に候へども、女大学をよく〳〵御覧相成たく、若し御手許に御座なく候はゞ、ここ許に持合せ候ゆゑ、何時にても御用立申すべく候。私どもは二十年間も姑に仕へ候けいけんも御座候につき、よく〳〵御噺《はなし》申したく候。その内よく御分別の程肝要にぞんじ参らせ候。且又私病気も大によろしく今日床あげ致し候につき、御安心下さるべく候。先は御返事まで。早々。かしこ。

ごくごく手紙の作法にのっとった優等生的なもので、内容とても一般的にはさほど面白いとも思えない。とくに「名翰」として後世に残すようなものでもないであろう。が、さっきもふれたように、わたくしにはある印象的な記憶があって、目が一点に惹きよせられた。それは「女大学をよく〳〵御覧」の、この「女大学」の三文字である。途端に――、左様、昭和三十七年、まだ月刊誌『文藝春秋』編集部員であったころ、この乃木静子夫人の「女大学」、正しくは「母の訓《おしえ》」を特別読み物として雑誌で扱ったことがあった。それがちょっと衝撃的な、いや、いささか卑猥な記憶をまじえて蘇ってきたのである。

その年の四月号に「乃木大将夫人の『母の訓』」と題し、その記事は掲載されている。ノンフィクション作家の末永勝介さんが、この秘められた文書を捜し出すまでの苦心の経緯を書いている。末永さんによると、この姪は夫人のすぐ上の姉の娘で、柴てるという人で、幼少時代から乃木家で育ち、夫人によって実の子のように可愛がられた、という。そして、彼女が陸軍大佐大森狷之介に嫁ぐとき、叔母の乃木夫人から「母の訓」を手渡された、と書かれている。この辺の話は手紙とはちょっと違うが……。もっとも、手紙の姪ごさんと、柴てるさんが同じ人でなく、ほかにも姪がいるのかもしれない。

それはどちらでもいいこととして、ここでの主題は「母の訓」の内容についてである。これが何とも時代離れしていて興味津々たるもので、当時、編集部でも、はなはだ不作法な連中が集まって大いに酒の肴にして論じあったものであった。

ここには、その一部を。

「一、色を以て男に事《つか》ふるは妾《めかけ》のことにして、心を以て殿御に事ふるは正妻の御務《つとめ》に候。故に御輿入《こしいれ》先の殿如何に多くの妾在《おわ》しまし候とも、色を以て之を争ふなど端たなき御振舞被遊間敷《あそばされまじく》候。
一、奥方は気高きを良《よし》と致候。去りながら気品高ければ情薄くなり、情濃かなれば品格を失ひ、中庸を得る事時に六ケ敷候。故に礼儀正しくすれば品格乱れず、心を順にすれば情薄からず、情濃かにして品格高き奥方たらん。順と礼とによるを第一と致候」
と「常の心得」が説かれたあと、「閨《ねや》の御慎の事」という怪しげにして微妙なことが書かれている。いわば「性の哲学」ともいえるもので、これをつづめていえば、女性たるもの性的には常に切らないページを残しておけ、ということ。換言すれば「露骨はいやだね」という次第なんである。

「一、（中略）女子の良人に対し始に愛され後に愛想をつかさるゝは皆閨《けい》中にて淑徳を失ひての事に候。況や金殿の奥方として妾に等しき行ありて、其《その》身の品格を失ふは第一の恥に候。
一、（中略）色は柔くして恥かしき内に味あるものにて、恥かしき面色ある程、情深くなり申候故に、殿御閨入り給ふ時は、必ず恥を含みて静かに入り、殿御より興に乗じて種々嬲《なぶ》り給ふことありとも、荒々しく之を拒むは情を失ふを以て、只々殿御の胸に顔を差入れて恥かしく思ひ給ふべし。
又、殿御用事にかかり給ひなば、殿御の胸に顔を確かと差当て余り動かし給ふべからず。また、如何に心地好く耐りかね候とも、たわいなき事を云ひ、又は自分より口を吸ひ或は取りはづしたる声など出し給ふべからず。又佳境に入り給ふには殿御より先に又は同時に入り給ふべし。

殿御佳境に入り給へば如何に溢るる共耐へて、殿御の措《お》き給ふときに止め給ふべし。閨の中にて如《し》く優美に在《おわ》せし奥方品位日々高くなり、高くなる程麗しく、麗しき程殿御の胸には御元様の事のみ思ひ続けて、生涯御寵愛衰へ申さず候」

いやはや、それこそ「興に乗じて」長く引用しすぎたの感があろうか。写しながら、世の男どもが、かくの如く天下にいい気になってきたばかりに逆転して、むしろ現代は「夫の訓」が必要な時代となった。いまやせっせと奉公せねばならないのは、男のほうであると、日すでに西山に傾きつつあるこっちとしては、近頃の男性諸君にひたすらご同情申しあげる。

＊

閑話休題……乃木静子に戻る。

この「母の訓」についてである。まさか乃木夫人本人が書いたものなどとは、いくらぼんくらでも思わない。文章の、それこそ品位が、夫人のものではないとわかる。雑誌に同時掲載の『母の訓』を読んで」という座談会でも、作家の円地文子さんが「身分の下のものがお姫さまにおくるといったニュアンスがありますね」といっている。それはそのとおりで、異存はないものの、乃木夫人が自分の生活信条として「母の訓」を、さながら自分の書いたものとして、いやそれ以上に、固く守っていたことは確かであると考えるのである。さきに掲出した姪にたいする手紙でもそのことはよく窺うことができる。

余計なことながら、静子夫人の夫の乃木希典は、日露戦争の英雄である。最後の武士ともいわれている。そして常在戦場で、日常でも軍服をぬいだことのないといったその後のストイックな生き方をとおして、明治末期には、乃木は求道家として国民から偶像化されていた。しかも乃木その人も、武士道に生きぬく男であろうとして、日常的に自分を悲壮美の世界につねに置いていた。ということで、それに伴い、夫人もまた、武士の妻として、良妻賢母の典型として、世間の目にくっきりと映っていくようになる。

現実には、当の夫人は、薩摩出身のために訛りがひどく、伯爵夫人でありながら、ほとんど貴顕と交わることなく家に引き籠もることが多い内向きのひとであったという。唯一の趣味としていたのが、呉服を買うことと芝居を観ることであった。が、夫が偶像視されていくにしたがって、晩年にはしだいにその楽しみも奪われていったらしい。つまりあまり幸福ではない、正確には、前半生は姑との確執があったりして、終生自分のやりたいことを奪われつづけた。不幸といったほうがいい家庭生活の人であったようなのである。

そしてその上に、そうした静子夫人の最期というものに、わたくしは理解しがたいものを感じていたのである。それは司馬遼太郎さんの『殉死』を読んでいらい、といったらいいか、なぜとはなしに心にひっかかったことで、早くいえば、乃木夫人も自決したという事実にちょっとばかり疑問を抱いていたのである。

明治四十五年（一九一二）七月三十日、明治天皇は崩御した。乃木大将がそれに殉じて自邸で生命を絶ったのは九月十三日、御大葬の日で、午後八時天皇の御霊柩が宮城を出る刻限である。その日まで、大将にとっては死を決しての二ケ月であった。

ところが、そのかん、妻の静子にはおよそ自死などとは関係のない、そんな気配すらない日々であったようなのである。司馬さんも『殉死』のなかで、九月に入ったある日、死ぬなんて「いやでございますよ」と、大声で乃木にいい、「わたくしはこれからせいぜい長生きして、芝居を見たり、おいしいものを食べたりして、楽しく生きたいと思っているのでございますもの」と、アッケラカンとしたことを静子に言わせている。ほかの乃木に関する文献にも同じようにあるから、おそらく確かな証言に基づいての夫人の言葉なのであろう。このように、いま明らかになっているのは、当日の十三日になって死の決断を夫人は否応なしに夫から迫られたという事実である。

では、当日何があったのか。午前八時、第一種喪装を着た静子は夫とともに写真を撮った。乃木は写真に写されるのが好きな軍人であった。終って宮中に参内し天皇の御霊《みたま》に礼拝をすませて家に帰り、昼食の自家製のそばを親類のものをまじえてとった。ひとり死支度をする大将はともかく、夫人はあとはなんということもなく時を過ごし、夜を迎える。

夕食のとき、夫妻して葡萄酒のグラスを何度も干し、パンを食べ、夫人は薩摩汁をすすった。夫の命にしたがって、書生やお手伝いを御大葬の拝観に出してしまうと、夫人は二階の夫の部屋へいくべく階段をのぼる。夫人は略式の喪装である。橡《つるばみ》色麻の小袿《こうちぎ》をつけ、柑子《こうじ》色の袴をはき、白色麻衣で下に白木綿の襦袢を二枚かさねている。夕食をともにした姉の馬場サダ子は、静子の様子に異常なものをまったくみとめていない。

司馬さんは書いている。

「これ以後のこの場の情景については、想像をめぐらせる以外にのぞきようがない」

つまり密室の事件である。あとは警視庁警察医による死体検案始末書によって、作家はそれぞれが想像力を駆使してその死までの情況を物語るほかはない。

「静子はその死のために短刀を用い、最初三度その胸を刺したようであった。一度は胸骨に達し、それが遮《さえぎ》った。二度目は右肺にまで刺入したが、これでも死にきれなかったであろう。三度目の右肋骨弓付近の傷はすでに力がつきはじめていたのかよほど浅かった。希典が手伝わざるをえなかったであろう。状況を想像すれば希典は畳の上に、短刀をコブシをもって逆に植え、それへ静子の体をかぶせ、切尖を左胸部にあてて力をくわえた。これが致命傷になった。刃は心臓右室をつらぬき、しかも背の骨にあたって短刀の切尖が虧《か》けていた」

と『殉死』にはあり、また、たとえば福岡徹さんの『軍神』にはこう描写されている。

「『あッ！』／静子が叫んだ。剣先はもう胸骨下の傷口から血を噴かせ、左右に狂っていた。剣は、右胸部を刺し、さらに右を刺し、今度は左の胸に移動した。／『待った！』／将軍は立ち上って、剣先を心臓部にあててやった。／『そこを！』／もう静子は刺し込む力を失っていた。剣先が固定しているのをたしかめると、将軍は前に廻って、両肩を引っぱった。／夫人はくくった膝を半ば延ばしながら、大きく前に伏した。／『ウオッ』／うめきと同時に、一面に血がこぼれた」

作家がどう書こうと、それが想像であることでは一致している。事実には違いや差のあろうはずもない。はっきりしているのは、乃木大将が介添えをして、夫人の体を突きたてた短刀の上に押しかぶせて死なせてやった、ということである。死体検案始末書からはそう判断するよりほかはないのである。それはほんとうに介添えであったのであろうか。二階へ上がっていくまで死の覚悟のついていなかった静子夫人を、大将はどう説得し、夫人がどうその気になったのか、それはだれにも不可知の世界での出来事である。

それで『殉死』を読んでいらい長いこと、わたくしはどうしてもある疑問を頭から振り落とせないできたのである。ある意味では、司馬さんにも若干の責任があるのであるが……。というのも、『殉死』第二部の「腹を切ること」の冒頭のあたりで、司馬さんはこう書いている。

「(乃木は)その自邸で自害した。妻静子も同時に死んだ」

自害でも自死でもない、妻静子はただ「死んだ」とあるばかり。これでは自分の意志ではない死を死んだようにも受けとれるではないか。司馬さんもそう思っていたのではないか、と疑わせられる。いや、受けとりようによっては、夫人は無理心中させられたことを示唆しているようではないか。*

しかし、いまは事実はそのように無残なものではなかったのであろう、と思うことにしている。こんど、静子夫人の手紙をはじめて読んだことを契機に、「母の訓」にまたふれる機会をもち、気分的に吹っ切れなかった長年の疑問が、ごく自然に氷解したような気になっているのである。最後まで武士たらんと天皇の死に殉じて死ぬ夫の精神に感応し、夫人は自分もまた夫に殉じることをあっさりとその場で決意したのではないかと。

乃木が課せられた国民的嘱望と、いままで彫琢してきた武人としての自己を完成させるために死を選んだように、静子夫人は自分もまた、死によっておのれの生の哲学の正しさを世に示さねばならなかった。なぜなら、おのれの人生の規範として恐らくはくり返して読み、その正しさに毫《ごう》も疑いをもたなかったであろう「母の訓」のいちばん最後には、「朝夕の心得」として、こうあるからである。

「一、御家大事ともならむ時は、能く其心を鎮めて殿御に従ひ奉り、武門の習ひにて討死ともあらん時は女々しき御挙動なく、潔よく殿御と共に御自害遊ばされ、末代の誉を残し給ふべし」

それゆえに突然の決意にもかかわらず、みずからの体に短刀を刺して死んでいった。ゆえに、静子夫人はおだやかな死顔であったのである。

＊乃木大将の無理心中説を月刊『本の話』（文藝春秋）にちょっと書いたところ、福岡県筑後市の宮田さんという読者からつぎのような葉書をいただいた。参考のために付記しておく。

「前略　突然の手紙お許し下さい。『本の話』読みました。司馬氏の、乃木大将と静子夫人との最期を『同時に死んだ』とあるのに、『無理心中をひそかに唱えるが……』と述べておられます。これはまさに『無理心中』そのものです。夫婦は、かねてより天皇崩御の直後に一緒に死にましょうと約束していました。しかし、その時になって大将が軍刀を抜いて夫人に斬りかかろうとした時、夫人は『今夜だけはお許し下さい』と大声で叫びました。これは当時乃木家に奉公していたお手伝いさんが聞き、後で証言しています。大将は予定通り夫人を斬殺し、自身は介錯なしで割腹自殺しています。ついに往く道とはかねて聞きしかど昨日今日とは思はざりしを（伊勢物語）という詩が痛いほどよく理解出来る夫人の当夜の心境です。渡辺淳一はこの夜の『静寂の声』を日露戦争を壮大に描く小説のプロローグに置いています、とはつい釈迦に説法めいたことを書きました。（以下略）」

そうかも知らないが、最後には静子夫人も覚悟を決めた、というわが結論を変えようとは思わないことにする。

よき父親の夏目漱石

かつてわたくしは夏目漱石の作品で「ベスト・ワンは何か」とある新聞に問われ、「書翰集《しよかん》にトドメをサス」と答えたことがある。いまもその言葉を変えようとは思っていない。その部分を引用する。

「芥川龍之介が永井荷風を語って『西遊日誌抄にトドメをサス』としたのにならって、佐藤春夫は『漱石先生ではその書翰集にトドメをサス』と評した。その口ぶりをそっくりまねて、わたくしも書翰集にトドメをサス。

書簡には漱石先生の人柄がにじみ出ている。たとえば『私の新宅は／牛込早稲田南町九番地／デアリマス。アシタ越シマス』(明治四十年)。移転通知だが『今般、私、左記の通り……』などとやるより、簡潔でかつ味がある。手紙作法の勉強になる。若き日の稚気から、晩年の天空豁然《かつぜん》まで、時に放胆、時に高逸、しかも常に裏側に春風のごとき漱石の微笑が感じられる。そして、

『今年は僕が相変つて死ぬかも知れない』

大正四年元旦、寺田寅彦宛てのもの。こんな年賀状をもらった寅彦のびっくりした顔を想像してみる楽しみもある」

まったくの話、ロンドン留学中の、鏡子夫人に孤独を訴える切々たる手紙が実にいい。

産後の経過よろしく丈夫になり候へば入歯をなさい。金がなければ御父ッさんから

借りてもなさい。帰つてから返して上ます。髪抔《など》は結はぬ方が毛のため脳のためよろしい。オードキニンといふ水がある。これはふけのたまらない薬だ。やつて御覧。はげがとまるかも知れない。(明治三十四年一月二十二日)

これはほんの一部である。もう一通、楽しいのもあげておく。これも部分。

久々で写真を以て拝顔の栄を得たが、不相変御両人とも滑稽な顔をして居るには感服の至りだ。少々恥かしい様な心持がしたが、先づ御ふた方の御肖像をストーヴの上へ飾つて置た。すると、下宿の神さんと妹が掃除に来て、大変御世辞を云つてほめた。大変可愛らしい御嬢さんと奥さんだと云つたから、何日本ぢやこんなのは皆御多福の部類に入れて仕舞んで、美しいのはもつと沢山あるのさと云つて、つまらない処で愛国的気燄《きえん》を吐いてやつた。筆(注・長女)の顔抔は中々ひようきんなものだね。此速力で滑稽的方面に変化されてはたまらない。(明治三十四年五月八日)

あるいは漱石山房に集う若ものたちを、あるいは叱り、あるいは励まし、深い愛情で大きく包みこんだものもいい。いや、本来、行きずりの人にすぎないはずの、愛読者である小学生にも、祇園の芸妓にも、漱石は変えることのない自分の真実を、手紙を通してぶつけている。借金の申込みにたいして率直にことわっている手紙なんか最高である。

お手紙拝見。／折角だけれども今借《か》して上げる金はない。家賃なんか構やしないから、放つて置き給へ。僕の親類に不幸があつて、それの葬式其他の費用を少し弁じてやつた。今はうちには何にもない。僕の紙入れにあれば上げるが、夫《それ》もからだ。／君の原稿を本屋が延ばす如く、君も家賃を延ばし玉へ。愚図々々云つたら、取れた時上げるより外に致し方がありませんと、取り合はずに置き給へ。／君が悪いのぢやないから、構はんぢやないか。（中略）紙入れを見たら一円あるから、是で酒でも呑んで家主を退治玉へ。（明治四十二年八月三日付、飯田政良あて）

いつも真摯なふれ合いを求めた漱石の人となりが自然にそこから浮かびあがる。

＊

明治三十八年（一九〇五）秋から冬へ、三十九歳の漱石はこのまま東京大学教授への道を歩まんか、すべてを捨てて作家一本で生涯を拓かんか、二者択一に思い悩んでいた。この年の後半、その執筆活動はすさまじかった。『吾輩は猫である』六、七、八章。『一夜』『薤露行《かいろこう》』『趣味の遺伝』を書き、来客を迎え、長文の手紙を何通も書き、その上に過密な授業の講義録をつくっている。『趣味の遺伝』なんか学校を休んで書きあげている。こうして八面六臂の二足のわらじ的頑張りをつづけていれば、おのれの心がどちらに傾くかは、自分でもいとも明瞭にわかってくる。書簡には、その想いがそのままにぶつけられている。そこが面白い。

とにかくやめたきは教師、やりたきは創作、創作さへ出来ればそれだけで天に対しても人に対しても、義理は立つと存候。（明治三十八年九月十七日付、高浜虚子あて）

人は大学の講師をうらやましく思ひ候由、金と引きかへならいつでも譲りたく……（同十月二十日付、奥太一郎あて）

そのくせまだ筆一本の決心はつかない。背には大勢の子を養う生活の重荷がのっている。

僕は小説家程いやな家業はあるまいと思ふ。僕なども道楽だから下らぬ事をかいて見たくなるんだね。職業となつたら教師ぐらいなものだらう。（同十二月九日付、野村伝四あて）

この二週間、帝文（帝国文学）とホトトギスでひまさへあればかきつづけ、もう原稿紙を見るのもいやになりました。是では小説などで飯を食ふ事は思も寄らない。
（同十二月十八日付、高浜虚子あて）

と、そんなこともボヤいている。

ところが、日露戦争後の予想もしなかった好景気による時代の文学状況は、いろいろと思い惑う漱石を刺激してやまなかった。『早稲田文学』の再刊、上田敏を中心に『芸苑』の創刊と、文学界は活気づきはじめる。およそそれまで文壇にはつとめて無関心であろうとしていた漱石も、がぜんハッスルしないわけにはいかなくなってくる。

そして年が明けた。三十九年はじめの書簡で、漱石はくり返し逸る気持を吐露している。

早稲田文学が出る。上田敏君抔《など》が芸苑を出す。鷗外も何かするだらう。（中略）書斎で一人で力味《(ママ)》んでいるより大に大天下に屁のやうな気燄《きえん》をふき出す方が面白い。
（一月一日付、鈴木三重吉あて）

本年より早稲田文学芸苑その他にて文壇も大分賑やかになり候。その間に立ちて出頭没頭の陋態をきわめ候こと、大悟の達人より見ば定めしおかしからん……（一月三日付、小島武雄あて）

創作のほうでは〝出頭没頭〟しながら、大学の講義となると、「この正月は講義を作る積りの所まだ一枚も作らない」（一月六日付、加計正文あて）であり、二月になっても「三月には猫のつづきをかく積りでいる。レクチュアはまだ一枚もかかない」（二月七日付、野村伝四あて）とかなり投げやり。この野村伝四あての手紙にいう「猫のつづき」が、つまり『吾輩は猫である』の九章であった。

　こうして現実は、「箸は二本、筆は一本」の言にあるごとく、完全にペン一本で〝千万人と雖《いえど》も吾往かん〟になるまで、なお一年余の時の経過を要するのである。そこが、感受性と同時に責任感の人一倍強い漱石たるゆえん。その職にあるかぎり一所懸命に勤めねばならんと思うし、教師はわが本領にあらずときめているものの、それによって得るところの生活費の問題は重大この上ない。漱石という天才にしてなお、おのれの道を見定めるときの二律背反のつらい想い、そも人間が度胸をきめることの難しさ、それがいくつもの書簡によくでている。

　その漱石が、一個の作家として生涯を貫かんと、はっきりと覚悟をきめるのは翌四十年春である。その決意のほどを示す悲痛にして、颯爽たる手紙が残されている。

思ひ切つて野に下り候。生涯はただ運命を頼むより致し方なく、前途は惨怛《さんだつ》たるものに候。それにもかかはらず大学に嚙《しが》み付いて黄色になつたノートを繰返すよりも、人間として殊勝ならんかと存候。小生向後何をやるやら何が出来るやら自分にも分らず。ただやるだけやる而已《のみ》に候。（四十年三月二十三日付、野上豊一郎あて）

こうして、大学こそが偉いところぞや、教授の道を捨て物書きになるとは、なんて馬鹿なことをしたのかとの、多くの人の反対や疑問視にたいして、

「百年の後、百の博士は土と化し、千の教授も泥と変ずべし。余はわが文をもって百代の後に伝えんと欲するの野心家なり」

と知人に語って、漱石は不動の決意を示し悠然としていたという。

こんな風に漱石その人を知る上での絶好の資料といえる書簡のなかの、これが最高といえそうなものとなると、ハタと思い悩む。どれもいい。入門してまだ一年足らずの若い門下生の、芥川龍之介と久米正雄の二人にあて、死の直前の「牛になれ」とさとす手紙なんか、絶品としてすでに多くの書に引用され、あまりにも有名である。

あせつてはいけません。頭を悪くしてはいけません。根気づくでお出でなさい。世の中は根気の前に頭を下げる事を知つてゐますが、火花の前には一瞬の記憶しか与へて呉れません。うん〳〵死ぬ迄押すのです。それだけです。決して相手を拵《こし》らへてそ

れを押しちゃいけません。相手はいくらでも後から後からと出て来ます。さうして吾々を悩ませます。牛は超然として押して行くのです。何を押すかと聞くなら申します。人間を押すのです。文士を押すのではありません。

こんな有難い手紙をもらったら、有頂天になってわたくしなんかはきっと、神棚にあげて三拝九拝したにちがいない。芥川と久米がどうしたか、それは知らない。わかっているのは、芥川は「牛」にならず「火花」になることを望んだということだけである。そして久米は人間を押さず文士を押した……。

とは、余計なこと。こう記しながら、すばらしい手紙一通を思いついた。そのことを書くほうがよっぽど楽しくなれる。

明治四十三年（一九一〇）八月二十四日、漱石は大量の血を吐いて危篤状態に陥った。鏡子夫人によれば、三十分ほど死の世界のほうへ運びこまれてしまっていた、という。いわゆる修善寺の大患といわれる事件である。

どうやら手当てよろしきをえて、漱石は三十分後に生きかえった。そのとき、枕もとに十二歳の長女筆子を筆頭に恒子、栄子の三人の娘が坐っているのをみとめたが、漱石は口を利く気力もなかった。そして漱石の容態の落ちつくのをみて、二十七日に子どもたちはいったん帰京することになる。

少しずつ快方に向かった漱石は、九月八日から自筆で日記を書きはじめる。「別るゝや夢一筋の天の川」「秋の江に打ち込む杭の響かな」「秋風や唐紅の咽喉仏」など有名な句をつくるまでに回復したものの、九月十日の項に、

「万年筆をふる力なし」

とあるくらい、まだまとまったものを書くまでには体力も気力も戻ってはいなかった。その直後の十一日、三人の娘からの見舞いの手紙が届けられた。これを読んだ漱石は、そばにあった手帳の一ページを破り、その表と裏に、娘三人への手紙を書いたのである。

けさ御前たちから呉れた手紙をよみました。三人とも御父さまの事を心ぱいして呉れて嬉しく思ひます。

此間はわざ〳〵修善寺迄見舞に来てくれて難有《ありがと》う。びよう気で口がきけなかつたから御前たちの顔を見た丈です。

此頃は大分よくなりました。今に東京へ帰つたらみんなであそびましよう。

御母さまも丈夫でこゝに御出《おいで》です。

るすのうちはおとなしくして御祖母さまの云ふことをきかなくつてはいけません。

三人とも学校がはじまつたらべんきようするんですよ。

御父さまは此手紙あおむけにねてゐて万年ふででかきました。

からだがつかれて長い御返事が書けません。
御祖母さまや、御ふささんや、御梅さんや清によろしく。
今こゝに野上さんと小宮さんが来てゐます。
東京へついでのあつた時修善寺の御見やげをみんなに送つてあげます。
左様なら。

これが全文である。「御ふささん」は漱石の姉、「御梅さん」は鏡子夫人の妹、それから野上豊一郎と小宮豊隆の名がある。「万年筆をふる力なし」という病床にありながら、精いっぱいの努力で書かれたものであることは間違いない。

子どもたちにとって、それまでの漱石はただ恐ろしいばかりの親父であった。神経衰弱のせいもあり、ほとんど暴君的な、理不尽な仕打ちを子どもたちに片っ端から加えてきた。その父が、東京へ帰ったら一緒に遊ぼうなんて、娘たちにとってはただびっくりするばかりであったであろう。それも生死の境をさまよう大病をしたゆえ、とみることができる。澄んだ心と、穏やかで慈しみにみちた、やさしいまなざしがそこから感じられる。

漱石という偉大な人間にも、きびしく恐ろしい父という半面に、ごく普通の親の持つ愛情があった。しかし日常生活において素直にだせなかったためか、愛する子どもたちからは、なんとしても懐かしがられなかった。そんな父親の苦悩がずっと胸中にひそんでいた。

それゆえに、病中で得た不思議な静謐《せいひつ》な境地から、はじめて父親らしい言葉をだすことができたのである。漱石という人が心優しい父であったことの、実によくわかる手紙といえようか。

永井荷風における
「女の研究」

すごく立派なタイトルをつけたが「研究」の名に値するほど大それた話ではない。ともあれ、まず女性の置き手紙から。若干の注釈を入れて。

一筆申残しまゐらせ候。私事こちらへかたづき候事、よく（欲）にも見え（見栄）にも非《あ》らず。ただ一ツ捨てがたき恋のれきし（歴史）がいとほしさに候。もとよりなれぬ手業、お針もおぼつかなく水仕の事は云ふまでもなく候。さぞお気に入らぬ事だらけと、御きのどくに存じ上げ居り候も、私はそのくらゐの事くんで（汲んで）下さる御方と、日々うれしくつとめ居り候処、あなた様にはまるで私を二足三文にふみくだし、どこのかぼちや娘か大根女郎でもひろつて来たやうに、御飯さへたべさせておけばよい。夜の事は売色にかぎる。夫《それ》がいやなら三年でも四年でもがまんしてゐるがよい。夫は勝手だ。女房は下女と同じでよい。「どれい」である。外へ出たがるはぜいたくだとあたまつから仰せなされ候。

とうらみを書いて、若干のくだくだがあって、最後の引導を渡す口上になる。

そんな事わからぬあなたともおもはれず、つまりきらはれたがうんのつき、見下されて長居は却つて御邪魔。

論理もへちまもない。こう腹をくくると、女性は強くなる。「嫌われたが運の尽き」「見下されて長居は無用」とは、おっかない科白である。

細君からこの置き手紙を突きつけられたのが作家の永井荷風である。書かれた年は大正四年（一九一五）、このとき荷風三十七歳で、妻の八重が三十六歳。これを残して八重は足掛け六年のつきあい、入籍して四ケ月の夫たる永井荷風のもとからさっさとおさらばした。

八重は本名内田ヤイ、新潟で芸妓となり、後に上京して巴家八重次の名で新橋の座敷にでる。舞踊をよくし、短歌を詠み、漢詩も勉強し、ということで、文学芸者の名をはせていた。このかんに川上音二郎と通じたり、小山内薫の情人になったりで男出入りも華やかである。荷風と知り合ったのは、明治四十三年（一九一〇）冬のこと。彼女につきまとわれた小山内が、自分のあとがまを荷風に押しつけたものらしい。小山内は彼女を主人公にした小説で、「文学好きの底が見え透いた」とか「ひどく自惚れに満ちた」とか悪しざまに描き、愛想つかしをあからさまにしているという。

荷風は親の言いなりに大正元年に結婚していたが、知り合っていらいの八重との交情をけっして絶とうとはしなかった。そして父の急死のあと、すぐに妻と離別する。半年にも満たぬ結婚生活であったが、それを自祝するかのように八重との仲を天下晴れたものとしていく。ついには、家柄を大事にし芸妓を家に入れることに反対する兄弟や親類縁者との行き来を絶つ、という世俗的犠牲を払うまでして、大正三年十月、八重を入籍した。

「八重家に来りてよりわれはこの世の清福限無き身とはなりにけり」

荷風は日記で珍しく手放しでのろけている。その後のさまざまな女性との自由奔放な色恋沙汰から考えると、なんと男純情な一面のあったことよ。それほどに生活に張りを感じていたものとみえる。しかも、八重との仲が濃やかであったこの時期には、充実した作品をいくつも残している。なかでも『腕くらべ』は彼女からえた材をもとにした傑作である。

そんな時に、ふってわいたような妻の出奔《しゅっぽん》である。理由は荷風の浮気にあるというが、荷風にいわせれば、八重の人並み外れた嫉妬にある、ということになる。

「越後の女なれば江戸風の意気なるところにとぼしく」と。

それはともかく、置き去りにされた荷風はどうしたか。近頃の男どもならウロウロして謝って引き止めるという不細工が落ちであるが、荷風はそんなへっぴり腰の男ではない。

八重に送りとどけた返事がすばらしい。これは全文を引くのがいちばんである。

一筆、申し入れ候。さて〴〵この度は思ひもかけぬ事にて、何事も只一朝にして水の泡と相成り申し候。一時の短慮二人が身にとり一生の不幸と相成り候。今更未練がましきことは友達の手前一家の手前浮世の義理の是非もなし。ただ涙を呑むより外致し方御座無く候。酒井君より三升《みます》人形御所望の由聞き及び候につけても、そなたが御心中云はぬはいふにまさる程の事、私の胸にはしみ〴〵感ぜられ申し候。何とぞ末長うこの人形の世話なし下され度《たく》御願ひ申し候。

扨《さて》、私はそなた去りたる後は今更母方へも戻りにくく候間、これより先一生は男の一人世帯張り通すより外致し方なく、朝夕の不自由今は只途法に暮れ居り候。お前さまは定めし舞扇一本にて再びはれ〴〵しく世に出る御覚悟と存じ候。陰ながら御成功の程神かけていのり居り候。

かへすがへすこの度の事残念至極にて、お互に一生の大災難とあきらめるより詮方なく、私の胸の中もとくとお咄《はな》し致し度存じ候へども、一度友達を仲に入れ候上は表立つて如何とも致しがたく、いづれこゝの処しばらく月日をへだて候はば、再びお目にかかり、しみ〴〵お咄し致す折もあるべきかと、それのみ楽しみに致し候。このこともそなたもよく〳〵お考へ下され度、先は未練らしく一筆申し残し候。早々。

二月二十四日夜半

壮吉より

お八重どの

勝手に出ていった女房への去り状として、これは堂々とした傑作である。文字面では一応は「涙」とか「未練」とかがみられるが、メソメソしたところは毫《ごう》もない。八重の激情の置き手紙から半ケ月もたっているから、冷静そのもの。男たるもの、逃げた女房にあわてふためいて手紙など書くべからず、という教訓になる。びしりと、もう帰ってこなくてよいと言い切る。もはやこれまで、という基本線はゆるがさない。

しかも、荷風の芸は、あなたはきっと成功するであろうと女性の方を立て、自分の方を少々未練たらしく恰好づけて、「やっぱり私がいなくては」と受けとった側に悪い気持を起こさせていないところにある。小道具の人形も効いている。二人の愛の形見ともいえる人形の面倒を末長くなんて、よく言うよ、の一言があるのみである。

昭和十一年（一九三六）一月三十日、五十八歳の荷風は「帰朝以来馴染を重ねたる女」、それもやや長くつづいた女十六人の名をあからさまに一覧表にして日記にかかげ、いちいち簡単な説明をくわえている。中に内田八重の名もある。籍に入れようがそんなことは関係がない。所詮は馴染を重ねた女にすぎないのである。

また、女に関して昭和三年十二月三十一日の日記で、「女好きなれど処女を犯したることなく、又道ならぬ恋をなしたる事なし。五十年の生涯を顧みて夢見のわるい事一つも為したることとなし」と大気焔《きえん》をあげている。ただし、いくらかは眉つばのところもある。なぜなら随筆『桑中喜語《そうちゆうきご》』に白状している、「僕年甫《はじ》めて十八、家婢に戯る。柳樽に曰く『若旦那夜は拝んで昼叱り。』と」。もっとも、貴族趣味の荷風からすると家婢ふぜいは処女の中に入れず、「道ならぬ」こととも思っていなかったのかもしれないが。

＊

荷風にとって女性とは何であったのか。単に性の欲求を満たすための道具、ないし痴態を楽しむための玩具でしかなかったのか。自尊心の高い八重には荷風の高圧的な、女を女とも思わぬ性向や行為が許せなかったのである。

荷風は、自分のことを浮気で、凝り性の飽き性だという。従って半年とつづいた女はいない。女は慣れると慎みを忘れ、我儘《わがまま》になり、悋気《りんき》の角をたててくるから、とその理由をあげる。それで付き合ってもせいぜい三ケ月、これでは庭の花ではないが季節の変わりめが色の変わりめということになる。

生涯ただひとりの妻であった八重へ、突き放すようにして書かれた手紙は、女性にたいするそうした荷風の非情さ、冷酷さの証しということになるのであろう。

と、書き捨ててしまっては、わが敬愛する荷風さんに申し訳がたたぬ。荷風さんのよき一面にもふれておかなくては……。

昭和三十四年四月三十日、荷風が急死したとき、わたくしは週刊誌の記者として多くの関係者に取材し、特集記事を書いている。そのときに知った忘れえぬ、うるわしの挿話について。いわば荷風と女たちという一大交響楽の低音部で、ひそかに荷風の胸をかき鳴らしていた一人の女性の存在のことを。

彼女、山勇といい、新橋のやはり名妓である。荷風と知り合ったのは大正十二年暮、「美人にはあらねど風姿軽快にて男好きのする細面なり。竹を破りたる如き気性さすがに深川の生れなり」と荷風は大正十四年十一月の日記に書いている。

この大正十四年より昭和二年にかけて、しばしば日記にその名がある。荷風は彼女にぞっこん参っていたが、最後までそれを口に出すことができなかったらしい。

大正十四年十一月二十日の日記にそれを窺わせる楽しい記載がある。山勇から電話がかかってきて、今晩は暇ゆえ夕食を共にしないかとさそわれる。

「十年前なりせば即刻走せ往くべきに、今は老いてその気力なし。殊に今日は折悪しく朝より雨ふりつづきたれば、泥濘と寒風とを恐れて家に留まりぬ。されど日暮れて雨歇《や》み、弦月出るを見ては、さすがに遊意禁じがたく、車に乗りて赴き訪ふに、予の来ることおそかりしかば、人に誘はれて他に赴きたりと、取次に出でし雛妓が言葉に、何やら安堵したるが如き心地して、家に還《かえ》る……」

無性に逢いたくもあり、ちょっと避けたくもあり、複雑な心境というところか。

当時の山勇は、歌舞伎の寿美蔵（のち寿海）にほれこんでいて、荷風の気持ちがてんでわからず、もっぱらその前で酒を飲んで泣き、色男へのかなわぬ恋を吐露していたという。荷風はその背中をさすってやりながら、

「思ふやうにはゆかぬ。それが人の世といふものなんだよ」

など、女にたいしては颯爽気鋭《さつそうきえい》の荷風らしからぬことをいっている。つまりは逢いたくもあり、億劫でもあり、それで留守と知って「何やら安堵したるが如き心地」なのである。

日記からは昭和二年四月をもってその名は消えるが、戦後も昭和三十年になってぽつんと一回だけ出てくる。わが家の六畳一間があいている、あなたも一人では何かと不自由であろうから、来て老後を一緒に暮らしませんか、と山勇が荷風を誘ったのである。使者にたった人に、荷風はふと昔日をなつかしむ遠い眼をして、

「いや、よしましょう。もう動くのが面倒なんでね」

といった。使者の人は「江戸っ子らしくシャイな顔、これが荷風さんのいちばんいい顔なんだ」と思ったという。

日記に山勇の名が記されたのはその直後のことであったろうか。

「三月十七日。晴。晡下墨田公園散歩。合羽橋飯田屋に飯《はん》して帰る。玄関の戸口に名刺やうの紙片置きてあり。元新橋の妓山勇来訪のよし鉛筆にてしるしてあり」

これが全文である。山勇みずからが市川の荷風の留守宅を訪ねたとみえる。以下は荷

風黙して語らず。昭和三十年といえば、ときに荷風さん七十七歳、山勇は五十九歳であった。

山本五十六

名をも命も

昭和二十九年（一九五四）四月十八日号『週刊朝日』で「山本元帥の愛人――軍神も人間だった！」と題して公開され、さらに阿川弘之さんの『山本五十六』（新潮社）がよりくわしくそのことにふれていらい、連合艦隊司令長官山本五十六大将の〝愛人〟と恋文のことはつとに周知のこととなった。この人はあらためて書くまでもなく、名古屋出身の元新橋芸者「梅龍」こと河合千代子である。

それで山本の手紙となると、どうしても彼女あての恋文が連想されてくる。

私の厄を皆ひき受けて戦つてくれてゐる千代子に対しても、私は国家のため、最後の御奉公に精根を傾けます。その上は――万事を放擲《ほうてき》して世の中から逃れてたつた二人きりになりたいと思ひます。

二十九日にはこちらも早朝出撃して、三週間ばかり洋上に全軍を指揮します。多分あまり面白いことはないと思ひますが。今日は記念日の晩だから、これから峠だよ。アバよ。くれぐれも御大事にね。

うつし絵に口づけしつつ幾たびか
千代子と呼びてけふも暮しつ

『週刊朝日』と阿川さんの本がともに紹介しているミッドウェイ作戦に出撃直前、昭和十七年五月二十七日付けの、山本の手紙である。写真にキスしているなどと、その甘い、甘い、甘すぎる文面もさることながら、大作戦を前に「二十九日」出撃という軍極秘事項を易々として明かしている。このことは司令長官どのとしては悠長にすぎ、かつ迂闊千万なことと、山本贔屓としてもなんとも情けない思いが残る。しかもこうした戦時下の彼女への手紙は一通や二通ではなく、実に数十通にも及び、それらはいずれも掲出のものと同様な、いや、それ以上に甘美な文言にみちあふれている。とても六十歳に近い男のものとは思えない。あるいは軍人にあるまじきとくさされても仕方のないものもある。

　とにかく、山本の恋文にかんする限りア然とさせられるばかりなのである。人間である以上、四六時中緊張のうちに生身をおいているわけにはいかず、たまには精神の解放も必要であろう。しかし、国家の興亡を賭した戦争の全指揮をとる現場の長として、しばしば夢かうつつかの境に身をおくことは、重い責任の放棄、そうとまでいわなくともきびしい現実からの逃避にひとしいことになろうか。

　しかもその上に、戦勢いよいよ急をつげはじめた昭和十八年ともなると、くり返し知人への書簡で、たとえば「この世にもあの世にも等分に知己や可愛い部下がゐることとなり、往つて歓迎をしてもらひたくもあり、もう少々この世の方で働きたくもあり、心は二つ身は一つといふ処にて候」という風に、心のうちにある死への熱い想いを吐露しはじめるのである。勝利のためにいかなる艱難辛苦にも堂々と立ち向かわねばならない戦士が、戦端を切って一年にして早くもこの弱気と諦念をみせるとは。これはもう女への恋文以上にやる瀬なく、かつ寂しく感じられてならない。

そこにはあるいは、平和を希求しながらついに成すところのなかった己れにたいする自己嫌悪、あるいは戦争を指揮せねばならないことにたいする強烈な嫌悪があったのかもしれない。山本は国家滅亡を招致するゆえにと、対米英不戦をたえず主張しつづけてきた。にもかかわらず、祈りの及ばぬさきで戦争は起り、みずからはその陣頭にたって戦わねばならないのである。もはや対米英戦争は避けられないと覚悟をさだめたとき、すなわち十六年十月十一日付けの、親友堀悌吉予備中将あてのよく知られた書簡がある。

之が天なり命なりとはなさけなき次第なるも、今更誰が善いの悪いのと言つた処ではじまらぬ話なり。（中略）個人としての意見と正確に正反対の決意を固め、其の方向に一途邁進の外なき現在の立場は誠に変なもの也。之も命といふものか。

死へのつきせぬ想いはすでにこのときに発していたものかもしれない。

そう考えると、同じ新潟県立長岡中学校卒業の後輩として、恋文だけでこの〝悲劇〟の提督を判断するのは、先輩にたいしてあまりにも礼を失することになる。山本にはもっと大事な、もっとこの人らしく内なる心情を吐露した書簡二通が幸いにも残されている。山本はいずれにたいしても「読後、焼却されたし」と欄外に付記していた。実物はそのとおり消滅した。けれども、慎重な、というよりも歴史を意識したこの人は「控」を、心ある人に託していた。その下書きのほうが、戦後も数十年たって探しだされたのである。

＊

一通は、日米関係の悪化の一途をたどる昭和十六年一月七日付けの、海軍大臣及川古志郎大将あての「戦備ニ関スル意見覚」である。

これ以前に海相と会談した山本は、その折りに口頭で申し述べた意見を文字として記録し、後日の証拠として残しておきたかったのである。このなかで、日本海軍が作戦方針として営々と研究してきた対米戦争のさいの「堂々たる邀撃大主作戦」は、これまでしばしば実施された図上演習などの結果をみても、「帝国海軍は未だ一回の大勝を得たることなく、此のまま推移すれば、恐らくぢり貧に陥るにあらずや、と懸念せらるる情勢にて、演習中止となるを恒例とせり」と断じている。こうして明治いらい練ってきた伝統の戦術が必敗のものであることを鋭く指摘した上で、それでもなお戦争の指揮をとれというならば、連合艦隊司令長官として自分が断固としてやろうとする作戦は左のとおりであると、その意図を明らかにする。

日米戦争に於て我の第一に遂行せざる可からざる要項は、開戦劈頭、敵主力艦隊を猛撃撃破して、米国海軍及米国民をして救ふ可からざる程度に、その志気を沮喪せしむること是なり。此の如くにして初めて東亜の要障に占居して不敗の地歩を確保し、依て以て東亜共栄圏も建設維持し得べし。然らば之が実行の方途如何。（中略）敵主力の大部真珠港に在泊せる場合には飛行機隊を以て之を徹底的に撃破し、且同港を閉塞す。（中略）月明の夜又は黎明を期し全航空兵力を以て全滅を期し敵を強襲す。

そして山本は、この戦法のほかに必敗をとめる手だてはない、と綿々と説き、最後に訴える。

小官は本ハワイ作戦の実施に方《あた》りては、航空艦隊司令長官を拝命して、攻撃部隊を直率せしめられんことを切望するものなり。

山本のこの〝切望〟はまことに正しかった。やってはならない戦争をやれ、というならば、自分が先陣をきり、全力をあげて敵本陣に迫り一か八かの決戦を挑むほかに勝機をつかむことはできない。そう山本は覚悟したのである。しかし、戦時でありながら平時と同じように、官僚化しきった三代目海軍の、硬直した人事がそれを許さなかった。山本の機動部隊司令長官への格下げ人事などとんでもないことであった。

二通目は、もう戦争は決定的となった同年の十月二十四日付けの、東条英機内閣の海相となった級友嶋田繁太郎大将あてのものである。内容は、さきの及川あての書簡の内容をもっと具体的にし、ハワイ作戦敢行の心境をもっと端的直截に述べたものである。

いよいよ対米英戦争と決して、大本営のいうように東南アジア要地占領の南方作戦第一主義でやったとしても、その作戦での味方の損害が多くでて、兵力の伸びきるおそれなしとはしない。しかも航空兵力の補充能力がはなはだ貧弱な国力の現状である。そののちに大挙来攻する敵主力艦隊を迎え撃って太平洋上で一大決戦をやれといわれても、多くの損害を出したあとの寡兵では、それは至難というほかはない。勝ち目はまったくない。

そして結論として山本はいう。

我南方作戦中の皇国本土の防衛実力を顧念すれば、真に寒心に不堪《たえざる》もの有之、幸に南方作戦比較的有利に発展しつつありとも、万一敵機東京大阪を急襲し、一朝にして此両都府を焼きつくせるが如き場合は勿論、さ程の損害なしとするも国論（衆愚の）は果して海軍に対し何といふべきか、日露戦争を回想すれば想半《おもいなか》ばに過ぐるものありと存じ候。

聴く処によれば軍令部一部等に於ては、此劈頭の航空作戦の如きは結局一支作戦に過ぎず、且成否半々の大賭博にして、之に航空艦隊の全力を傾注するが如きは以ての外なりとの意見を有する由なるも、抑《そもそ》も此の支那作戦四年、疲弊の余を受けて米英支同時作戦に加ふるに、対露をも考慮に入れ、欧独作戦の数倍の地域に亘り、持久作戦を以つて自立自営十数年の久しきにも堪へむと企図する所に非常の無理ある次第にて、之をも押切り敢行、否大勢に押されて立上らざるを得ずとすれば、艦隊担当者としては到底尋常一様の作戦にては見込み立たず、結局、桶狭間とひよどり越と川中島とを合せ行ふの已むを得ざる羽目に追込まるる次第に御座候。

そういいながらも山本は、最後の最後まで対米英開戦には反対である。「日米英衝突は避けらるるものならば之を避け、此際隠忍自戒、臥薪嘗胆すべきは勿論」と説き、そしてこの手紙の終りは、半ば諦めを告白しながらも、外交による日米問題の解決を切言して結ばれている。

それには非常の勇気と力とを要し、今日の事態にまで追込まれたる日本が果して左様に転機し得べきか、申すも畏《かしこ》き事ながら、たゞ残されたるは尊き聖断の一途のみと恐懼《きょうく》する次第に御座候。

山本が一縷の希望をつなぎとめたのは、昭和天皇の「ＮＯ！」の一言なのである。しかし、その天皇は、ついに〝無言〟のまま東条内閣の「戦争決意」の国策を裁可した。

十二月八日、山本は「述志」と題し、いよいよ開戦にさいしての覚悟を書いている。

「此度は大詔を奉じて　堂々の出陣なれば　生死共に超然たることは難からざるべし
ただ此戦は未曾有の大戦にして　いろいろ曲折もあるべく　名を惜しみ己を潔くせむの私心ありては　とても此大任は成し遂げ得まじとよくよく覚悟せり
　されば
大君の御楯とたたに思ふ身は
　名をも命も惜しまさらなむ」

「名をも命も惜しまない」と山本はいう。かれにおける真珠湾なぐり込みのハワイ作戦とは、ただ一途に部下の忠誠に支えられた、と同時に、いわば名をも命も惜しまぬという自己抹殺の精神に基礎をおいたギリギリの決断であった。あえていえば「必敗の覚悟」で虎穴に躍りこもうというのである。そして、もしもこの作戦が失敗するようなことがあった場合は、天はわれに与せず、と山本は自決するつもりであったと思われる。

それゆえになおさら、それほどの覚悟の作戦であるならと惜しまれることがある。すなわち弱者が強者を倒すためには、息もつがせず二の太刀三の太刀で突きまくり、完全に相手の息の根をとめねばならなかったのである。機動部隊は真珠湾沖に座りこんで、米海軍が再起不能になるまで叩きつづけねばならなかった。そのためにも山本は、みずから名乗りをあげたように、機動部隊を指揮してハワイへ出撃せねばならなかった。

かれがいう「桶狭間」の織田信長も、「ひよどり越」の源義経も、「川中島」の上杉謙信も、主将みずからが陣頭に立っている。しかし、昭和十六年十二月八日、山本はハワイからはるかに遠い瀬戸内海にとどまって、河合千代子あての甘い恋文を書いていたのである。

「サムライたれ」と説く

小泉信三

なによりもまず手紙を、それも全文を引用したい。

君の出征に臨んで言って置く。

吾々両親は、完全に君に満足し、君をわが子とすることを何よりの誇りとしている。僕は若し生れ替って妻を択べといわれたら、幾度でも君のお母様を択ぶ。同様に、若しもわが子を択ぶということが出来るものなら、吾々二人は必ず君を択ぶ。人の子として両親にこう言わせるより以上の孝行はない。君はなお父母に孝養を尽したいと思っているかも知れないが、吾々夫婦は、今日までの二十四年の間に、凡そ人の親として享け得る限りの幸福は既に享けた。親に対し、妹に対し、なお仕残したことがあると思ってはならぬ。今日特にこのことを君に言って置く。

今、国の存亡を賭して戦う日は来た。君が子供の時からあこがれた帝国海軍の軍人としてこの戦争に参加するのは満足であろう。二十四年という年月は長くはないが、君の今日までの生活は、如何なる人にも恥しくない、悔ゆるところなき立派な生活である。お母様のこと、加代、妙のことは必ず僕が引き受けた。

お祖父様の孫らしく、又吾々夫婦の息子らしく、戦うことを期待する。

父より

信吉君

昭和十六年（一九四一）十二月、経済学者で評論家、かつ慶應義塾大学の塾長をつとめた小泉信三が、その子、海軍主計中尉小泉信吉が出征するにさいして「心残りなく勤務させたい」と思って一書をしたためた。それがこの手紙である。そして翌年十月に信吉中尉は戦死し、大尉に進級する。小泉は戦死したその子を偲んで記念に『海軍主計大尉小泉信吉』という思い出の記を書いた。これを昭和二十一年に三百部の限定本としてつくり、ごく身近な人々に頒《わか》った。

その後、その本は、読んで感動した多くの人の勧めがあったにもかかわらず、改めて出版されることもなく、やむなく回読されつつ声価のみが高い幻の名著となった。小泉は「出版はならぬ」の言を頑なまでに貫いた。この手紙はその本のなかに収められているが、これも同様に、ひそかに筆写されたりして、知る人のみが知る幻の名文と長く囁かれつづけていた。

そして小泉の没後の、昭和四十一年八月になって、文藝春秋からその本が刊行されたことにより、手紙もやっと多くの人の知るところとなったのである。実は、と以下に少々自慢話めいた記述をつづけるが、この本の出版にはわたくしが蔭でかなり関与した。

＊

小泉さんが亡くなった当時、わたくしは「文藝春秋」編集部にいた。が、それ以前の昭和三十年代の初め頃に出版部員であったときに、小泉さんの担当として、広尾の家をしばしば訪ねることがあった。大学時代にボートの選手をしていたことを話すと、「ボートの選手というよりも、君の物腰はまったく隅田川の船頭みたいだね」と笑われつつも、若造のわたくしは小泉さんから貴重な話を聴く機会をえた。小泉さんは楽しそうに、わたくしの質問に答えたりしながら、長時間いろいろのことを語った。

そんなある日のこと、広い応接間で原稿の出来るのを待っていたとき、「これでも読んで待っていてくれ給え」といって小泉さんみずから手渡されたのが、私家版の『海軍主計大尉小泉信吉』であったのである。

一読、大感激したわたくしは、さっそく一膝も二膝も乗り出して「ぜひうちから本にさせて下さいませんか」と頼み込んだ。小泉さんは「駄目です」といったきり、くどく頼み込む隙のない厳しさを示し、とりつく島もなかった。理由はなんら言わない。しかし「駄目」の一言は圧倒的な重さをもっていた。

過去にそういうこともあって小泉さんが亡くなったとき、わたくしはすぐにこの幻の名著のことを想起した。「僕は若し生れ替って妻を択べといわれたら、幾度でも君のお母様を択ぶ。同様に、若しもわが子を択ぶということが出来るものなら、吾々二人は必ず君を択ぶ」という心にしみる一節が自然に頭に浮かんだりした。

小泉さんを偲ぶ特集には、この本から多く抜粋して雑誌に掲載した方が、読者の感動をうることが出来ると確信し、編集長にその旨を意見具申した。同意した編集長と小泉邸を訪ねたのは、葬儀も終えて何日かたったときである。まだ残る悲しみと寂しさを抑えて、小泉夫人が毅然として言われた言葉の大意は、いまもはっきりとわが脳裏に刻まれている。

趣旨はよく理解したが、断る、と夫人は明確に言った。雑誌には多くのいろいろな読者がいる。その読者のなかには「小泉を理解していない方、小泉を嫌いな方、小泉を敵視している方もおられるかも知れません。そういう方にまであの私記を読んで欲しいとは、小泉は必ずしも思っておりませんでした」と夫人は説明して、さらにつけ加えた。

「亡くなったいまもそう思っていると、私どもは考えています」

それが断る理由のすべてであり、他に理由はない。もちろん、小泉のものを読みたいと思う読者には、是非読んでほしいと考えてはいるが……。そういって夫人は頭を深々と下げたのである。

こうして「文藝春秋」掲載は諦めざるを得なくなった。がっかりして帰社する途中で、わたくしと編集長は話し合った。右の理由で雑誌はいかん、ということは、小泉さんのものだから読みたいという、そういう読者を対象とするならいい、ということになるのではないか。つまり、夫人の言葉をそのまま押し進めていけば、単行本なら出版は許すというわけになる。そう解釈して、俄然元気をとり戻して社に戻ったことであった。

ついで出版局が乗り出していき、なお幾つかの問題があったと聞いているが、「小泉夫人には悪いが、言質はとってあるんだ。正面から説得しろ」と、こっちも援護射撃。ともかく出版の許可をもらったと聞いたときは、泉下ではたして小泉さんが喜んでいるかどうかはともかく、本当に嬉しかったことを覚えている。と、長々と書いてきてしまったが、以上がこの本が世に出るまでの裏話ということになる。

＊

さて、『海軍主計大尉小泉信吉』では、この手紙の引用につづけて、小泉さんが書いているところが、また凄くいい。手紙を「これを信吉に遣ろうと思うがどうだろう」と、夫人に見せる。夫人は読み終わって涙を拭いて「やっぱり信吉に読ませて頂いた方が好いと思う」と言う。そこで手渡すことになる。いいのはそのあとのところである。不躾ながら、ここはどうしても長く引きたい。

「彼れはすぐ躊躇なく、走り出した車の中で、開いて中味を読んだ。二三度読み返したようであったが、顔を輝やかせて『素敵ですね』といい、軍服の胸のフックを外ずして、封筒を内懐に収めた。『素敵』とは何をいうか。恐らくは、子として父母に満足を与えていると告げられたのを喜んだのであろう。それきりで彼れはこの手紙に就いては何も言わなかった。しかし、彼れの心に何かを留めはしたのであろう。後に彼れがスラバヤ海戦に参加したとき、戦闘の開始に先だって、この手紙を取り出して、読み返し、それを内懐にして配置に就いたと、帰って来て話した」

この父にしてこの子あり。良き時代の日本の良き家庭の典型をみる想いがある。心のこもった父からの素敵な手紙をもらって喜んだのは、その子ばかりではない。与えた父も、子の素敵なうけとり方に感激しているのである。その父としての喜びを「帰って来て話した」とさりげない一行にこめている。

まさか、とは思うが、私のような若い編集者に、戦死した最愛の一人息子の面影を託して、あるいは小泉さんは親しく接していたのではないか。それで訪れると喜んで、それこそあらゆる話題について懇切に語ってくれた。昭和二十年三月十日の空襲体験を問われぬままにわたくしが喋ったときなど、それにつられてか、空襲で顔に大火傷をうけ九死に一生をえた無残このうえない自分の体験を話され、「こんな下らぬことはいままで誰にも話さなかったことだったよ」と苦笑した。

小泉さんは戦争末期の新聞連載の大佛次郎『乞食大将』を愛読したという。最後の大坂夏の陣を前にして、徳川家康が「乞食大将」後藤又兵衛基次に、播磨一国を与えるから徳川方に味方せぬかと誘った。それに対する大佛さんの書く又兵衛の答えはこうであった。

「基次承り忝けなき次第身に余りし間、御請申したきこと山々なり、但し東方お手弱ならば兎も角もなれど、東方は朝日の出る如きの御勢い、大坂は落城十日二十日に過ぐべからず、この節に臨みて心替り致さんこと武士の本意にあらず、その上去年より大坂の扶持を得て別心は罷りならざる間、この段は御免し賜わるべし」

結果は、後藤又兵衛は大坂落城とともに、サムライの一分を立てて戦死する。小泉さんは、この又兵衛の存念のほどを、心から褒め称えた。一分を立てる、名を恥じる、それが大事なのである、と言うのである。戦後日本は、なぜサムライの精神を失ったのか、その問いかけを最後まで小泉さんはつづけた。

「サムライの家庭は彼等に武士の栄辱ということをきびしく教えた。『武士の一言』といい『武士の面目』といい、今日ではきくも古めかしいひびきの言葉であるが、これによって彼等は信義の重く、約諾の動かすべからざることを教えられたのであった」

と書く小泉さんは、女々しい人間、あるいは愚痴っぽい人間、あるいは怯懦《きょうだ》な人間、あるいは狡猾な人間、あるいは裏切る人間、そのような自分を甘やかし、弱さや小ずるさに逃げる人間をあからさまに嫌った。嫌うだけでなく側に寄せつけなかった。

「今日の日本でサムライの教育を復活せよ、といったらそれはただ笑い話の種になるであろう。けれども、国に対し、主義に対し、友に対する忠誠と一諾をかえぬ（著者注、つまりいったことは守るということですが）、恥を知る心を教える必要は永久に新しい。昨今見わたすところ、父母も教師も子弟の機嫌をとることに急で、教えるべきを教えず、ただ気ままにさせることが即ち民主主義だと思っているかのように見受けられる。うろたえてはならぬ。男子も女子も節操あれ、また恥を知れ、と訓えること、それが即ち本当の慈愛であることはあらためていうまでもなく明かな筈である」(『座談おぼえ書き』)

これは亡くなる半年ほど前に書かれたものである。

そしてわたくしには、

「国に殉ずる行為というものは、なぜか戦後日本の精神風土の中で、日本人の合意として確認されてこなかった。確認されるどころか否定されるようになった。これでは祖国のために散華していった人たちの魂は永遠に癒されない。鎮魂はならないのではないか。そうとは思わぬかね、半藤君」

という最後の言葉が残された。

わたくしはその迫力に圧倒され、力強い返事をすることもなく黙っていたように記憶する。いまにして思う、心残りなく戦えと送り出した信吉大尉の魂鎮めの未だならぬことを、小泉さんは心から謝し続けていたのかも知れない。

香淳皇后の
微笑のかげに

西暦二〇〇〇年六月十六日、皇太后が逝去した。ある新聞の請めに応じて、つぎの一文を寄稿した。

《つゆの晴れ間、鉢植えの花に水をやっていると、テレビが皇太后陛下逝去の報を流す。とっさに、というか自然に「形影」という言葉が浮かんだ。さっそく部屋に戻り古い帳面をひっぱりだした。三十余年前に、終戦の一日をテーマに『日本のいちばん長い日』を書いたときの取材ノートである。多くの関係者から伺った証言が、ごちゃごちゃと書かれてあるが、なかに良子皇后については、たった三つの話しか記されていない。

終戦の詔勅の録音のために、当時昭和天皇が起居していたお文庫から出ようとしたときに、空襲警報が鳴った。やむなく地下防空壕に移ったが、解除のサイレンはなかなか鳴らなかった。昭和天皇は待ちきれなくなり、「行こう」と立ち上がった。皇后が「もう少しお待ち下さいませ、お上」と止める。「大事のときに待ってはいられぬ」「万一のことがございましては」。しかし、天皇は頑固にいい張った。

「いや、行く。遅れてはどんな故障が起るかもしれない」と。

八月十五日の正午、昭和天皇は自身のラジオの声を地下防空壕で聞いた。終って裸電球のゆらゆらしている地下道を通って、お文庫に戻った。皇后と女官たちがこれを迎えた。「良宮、ラジオを聴いたかね」と天皇はまっさきに皇后に声をかけた。「はい……」とのみ皇后は微笑んで答え、それから二人だけの遅い昼食を黙々としてとった。

もう一話、余話として楽しいエピソードが書きこまれている。九月二十七日、天皇はマッカーサー元帥をアメリカ大使館に訪ねたが、その朝のこと。早朝から秘密裡の準備のために慌ただしく、理髪師を呼んでいないことが直前になってわかった。狼狽する侍従や女官たちを落ち着かせるように、皇后がいった。「それならば、私がやりますから大丈夫」と。いまも写真に残るあの歴史的会見の天皇の髪型は、皇后お手ずからのものであったのである。

わたくしがとっさに「形影」という言葉を思い浮かべたのは、この三つの話が脳裏に刻まれていたからであろうか。天皇のひっそりとした影になって、良子皇后は良くやってこられた、とそれだけはいっておきたい。

二十世紀という「戦争の世紀」、いいかえれば、国内的にも国外的にも対立と抗争の連続の世紀に、昭和天皇は即位いらいたえず翻弄された。戦前・戦後の、この二極構造がうみだすすさまじい世界の動きの応援に追われつづけ、しかもその困難を辛うじて切り抜けてきた。側にある皇后もまた、言わず語らずではあるが、同じ困難をやっとの思いで乗り越えてきたのである。そして世界にどうやら二極構造の終焉が見え出したとき、昭和は終る。いや、その前にすでにして良子皇后は老人特有の症状がでて、そこから脱していたという……。

昭和が終って平成となり、いつかわたくしも老人の仲間入りをするようになった。昔から老骨にはもううたう歌はないという。なるほど、はるばる来ぬる旅をしぞ思うで諦めが先に立ち、蕭条として心が澄んでくるばかり。そんなわが心を悲しませることがいまもあるとすれば、いまの日本の社会にとんと「微笑」の絶えたことか。ついこの間まで、この国には慎ましさがあり、純粋さがあり、そしていっぱいの微笑みがあった。そのよき象徴としての良子皇后の、とくに戦後の、米国旅行では「百万ドルの微笑」といわれ、ロンドン娘には「スマイリング・エンプレス」と呼ばれた微笑みがあったような気がしている。それはつねに影にあってのこぼれるような、おおらかな、気どるところのない微笑みであった。

それにしても、二十世紀の日本は近代国家たらんと精一杯やってきて、なんだか疲れきったのであろうか。平成の世の中は「われこそは」という賢い人ばかりで、笑っておのずから心閑なり、という「影」の人、縁の下の力持ちがいなくなった。上から下まで張り合って、日本はいまやどこでも火事場の喧嘩ばかり、といった様相である。しかし、日本よ、この長い年月にえた知恵をもって、ふたたび微笑みの多い国となれ。皇太后の逝去にそんなことを思う》

ちょっと感傷的な記述になったようではあるが、激動の昭和史における皇后その人のことを考えると、昭和天皇をうしろから支えてよくやられた、という思いを消し去るわけにはいかない。それが率直な追悼の情というものではあるまいか。なるほど、戦前・

戦中と日本の頂点にあって『現人神《あらひとがみ》』と崇められ、われら庶民とは別世界に生きていた天皇家の人びとを人間的にみる要はない、と近代日本の政治ならびに道義的責任の観点からみればそれまでで、あえて議論をしてまで異議をさしはさむ気はない。

＊

しかし、たとえば、昭和天皇との婚約からして宮中某重大事件（山県有朋が婚約の破棄をひそかに画策した事件）があり、年若き皇后としては不幸なスタートをせざるをえなかった。そのために、一九七四年（昭和四十九年）一月、金婚式を迎えたときの記者会見で、昭和天皇はつぎのように回想している。

「そのとき（大正九年に皇后と初めて会ったとき）は儀式的に会い、言葉も交わさなかった。その後会うことを計画したが、そのときの人たちの『会うのはどうもよくない。避けるように』との意見があって、親しく二人だけで話したことは一度もない」

このとき皇后にも、記者から「苦しかったこともあったと思いますが」という質問があった。これにたいする皇后の返答は、

「ないとはいえません」

ただこの一言、そこに万感の思いをこめている。

昭和史を勉強しながら、こうした言葉にぶつかったりすると、老骨の気の弱りもあろうか、やっぱり同情的になってしまう。

また、こんな事実もある。一九三七年（昭和十二年）、皇太子（現上皇）が満三歳になったとき、元老西園寺公望がきびしくいった。

「皇太子さまは陛下のお子さまでありますが、やがては国民の陛下になられる方ですから〝かわいい子には旅をさせよ〟式に厳格にご教育していただかなくてはならぬ」

このクレームに、人一倍に子煩悩の天皇・皇后も親子水入らずの生活をついに断念させられ、皇太子は奪われるようにして青山の東宮仮御所に移されていった。

戦前の、とくに軍事大国となったときには、天皇・皇后がつれそって、たとえば明治神宮に参拝しているといった写真が少ないことに気がついて、ちょっと調べてみたことがある。結果、苦笑いをせざるをえない答えが見つかった。昭和も早いころに両陛下による神宮参拝の記録はある。が、ときの右翼がすかさず宮内大臣にねじこんだというのである。

「天皇は現人神であらせられるのだから、人間的な夫婦の愛情などを、一般国民の目の前に示されるべきものではない」

太平洋戦争終戦の八月十五日は、わたくしが中学三年生のときである。その日まで、わが家にはなかったが、ほとんどの家の床の間のなげしあたりに恭しく掲げられていた天皇・皇后の写真（当時はこれをご真影といった）を、ただただ拝まされてきた。顔をまじまじと見るのはその機会だけである。ありとあらゆる場合において、お二人は深々と最敬礼するばかりの〝神様〟であったのである。しかし、いまになって明らかにされたさまざまな事実によって、初めて実相を知ることができる。その神々たちがまた、われら一億同様に、ある空虚なるイデオロギーの虜になっていた、ということを。天皇も皇后も、いや皇后はとくに、「封建の牙城」のうちに、いい換えれば「神格の牢獄」のうちに、閉じ込められていたのである。

それだけに、ついさきごろ橋本明氏によって掘り起こされた終戦直後の、八月三十日付けの、奥日光にいた当時満十一歳の皇太子にあてた良子皇后の手紙を読むと、イデオロギーから解放されるということの素晴らしさと自由の喜びとを覚えるのである。

ごきげんよう　日々　きびしい暑さですが　おさはりもなく　お元気におすごしのこと　おめでたく　およろこびします　長い間　おたづねしませんでした　この度は天皇陛下のおみ声をおうかがひになつたことゝ思ひますが　皆　国民一同　涙をながして伺ひ　恐れ入つたことゝ思ひます

おもうさま　日々　大そうご心配遊しましたが　残念なことでしたが　これで　日本は　永遠に救はれたのです

二重橋には毎日　大勢の人が　お礼やら　おわびやら　涙をながしては　大きな声で申し上げてゐます　東宮さんも（中略）大詔に仰せになつたことをよく〳〵頭に入

れて　まちがひのないやうに　しのぶべからざることを　よく〳〵しのんで　なほ一層　一生懸命に勉強をし　体を丈夫にして　わざわひを福にかへて　りつぱな〳〵国家をつくりあげなければなりません

東宮さんもこのたびは東宮職が出来て　大夫はじめが　そろつて　おつとめするやうになつたことを　心からおよろこびします

穂積（重遠氏、当時東宮大夫兼侍従長）はご承知でせうが　東宮さんのお生まれになる前から　毎週一度づつ　いろ〳〵のおはなしをして　きかせてもらつてゐました

いいおはなしをいろ〳〵してもらつたらいいでせう

このごろは奥日光の方で又　変はつたところでおすごしですね　学生とも一緒にいろ〳〵していらつしやるのでせう　沼津の時のやうなのでせう

おひるねも　ありますか　昨年はできないで　おこまりでしたね

こちらは毎日　B29や艦上爆撃機　戦闘機などが縦横むじんに大きな音をたてて朝から晩まで飛びまはつてゐます　B29は残念ながらりつぱです

お文庫の机で　この手紙を書きながら頭をあげて外を見るだけで　何台　大きいのがとほつたかわかりません　しつきりなしです

ではくれ〴〵もお大事に　さよなら

三十日午前九時半　たゝより

東宮へ

これが全文である。よく噛んで子にあたえるような母性あふれた文面である。最後の方の米軍機にたいする記述などは堂々としていて、皇后の俗にいう「肝っ玉かあさん」ぶりがよくでていて、感動的である。まだ天皇家がどうなるか、占領軍の手に委ねられているときの、この度胸のよさ、鷹揚さはなみではない。人間離れしている。

さらには、これを読むことでまた、戦争中の空襲いよいよ激しくなったころの、つぎのエピソードがうそではなかったんだと納得させられる。空襲警報が発せられてもいつも天皇・皇后は地下防空壕になかなか姿を見せなかった。やきもきした侍従が急ぐように直言すると、天皇が弁解がましく言ったというのである。

「良宮が準備に手間どるものだから」

そこで侍従は「皇后さまも、警報が鳴ったとき、裸でいらっしゃいましたなら、そのままでもよろしゅうございますから、とにかく急いでいただきませんと……」とあけすけなことをいって叱ると、皇后はのんびりとした声で答えた。

「はい、これからは仰せのとおりに致しましょう」

そして天皇と顔を見合わせてニコリとした。つまりこの絶えざる微笑が苦悩する昭和天皇のよき支えとなっていたのである。

と、書きながら、夏目漱石の明治四十五年六月十日の「日記」に、皇室論というべき一節があったのを思い出した。「皇室は神の集合にあらず。近づき易く親しみ易くして我等の同情に訴へて敬愛の念を得らるべし。それが一番堅固なる方法也。それが一番長持のする方法也」と。それにつけても、この手紙に見られるような皇后の人間らしさが、いつの時代であれ、もっとひろく日本人につたわっていたならば、の思いを深くする。敬愛の気持はおそらく、より強く国民全体のものとなっていたであろうに。漱石の言の正しさをいまあらためて考えている。

「遺書」と「恋文」のことなど

——〝あとがき〟にかえて

誰もがよく知っている手紙ということでいえば、「まえがき」でもふれたが、聖徳太子の「日出づるところの天子……」であるが、もう一通、江戸吉原の太夫のものがある。

夕べは浪の上の御帰らせ、いかが候。館の御首尾つつがなくおはしまし候や。御見のまま忘れねばこそ思ひ出さず候。かしこ。

君は今駒形あたりほととぎす

仙台侯伊達綱宗に身請けされた初代高尾の文とされている。隅田川を船でお帰りになったあなた様のことは、ずうーと思いつづけていて忘れないから、思い出すこともない、なんて、まあ、よくも言ってくれるよ、と他人事ながら嬉しくなる。こうした遊女の手紙についても大いに話題にしようと思ったが、またまたお調子にのって、という声がどこからともなく聞こえてきたので、やっぱり、やめた。

もうひとつ、ある種の重要な役割を果たした手紙もある。遺書である。わたくしはかつて、太平洋戦争に散った人びと二十八人の遺書を主題に、『戦士の遺書』(文春文庫)を書き、そしてその〝あとがき〟で「だれの死にも譬えようもなく清冽な純粋な国士への、国民への、肉親への湧き出る愛情がたたえられている。かれらはみんなその想いを短い言葉に託して逝った」と記した。遺書こそ日本人の魂のもっともよく表現されたもの、という想いが消えない。

日本史上でも同様の、胸奥から突き上げてくる魂の叫び、といっていい遺言がかぎりなくある。とくに妻が夫に、あるいは母がわが子に、心置きなく充分に活躍できるようにと残した悲痛な手紙がいくつもある。それらは袂をしぼる慟哭と哀しみを乗り越えて書かれたものに違いないのである。

たとえば――慶長二十年（一六一五）五月六日、大坂夏の陣で、豊臣秀頼の家臣木村長門守重成は、徳川方先鋒の井伊直孝隊と激闘を交え、若江方面で戦死した。享年二十一。その重成の若き妻の哀しい遺書がある。彼女は明日は決戦という前日の五日にこの一書を残して自刃した。真野頼包《よりかね》の女《むすめ》と知られているが、享年は未詳という。

一樹の蔭一河の流れこれ他生の縁と承り候が、そも、をとゝせの比《ころ》よりして、偕老の枕を共にして、只影の形に添ふが如く、なれまゐらせ候、おん情こそうれしう候へ。この頃承り候へば、主家の為め最早《もはや》最後の御一戦の御覚悟の由、かげながら嬉しく思ひまゐらせ候。唐の項王とやらんの虞《ぐ》氏、木曾義仲殿の松殿の局、さるためしはわが身も厭はしく候。

されば、世に望み窮りたる妾《わ》が身にては、せめて御身御存生の中に最後を致し、死出の道とやらんにて待ち上げ奉り候。必ず〳〵秀頼公多年海山の鴻恩、御忘却なき様頼み上げまゐらせ候。

あら〱。めでたくかしこ

妻より

長門守重成様

念のためにいうが、戦前の本『日本女性鑑』に掲載されているものらしいが、真偽を確認したわけではない。まさか偽書ということはないと考えるが……。このように、後顧の憂いなく、という言葉は、太平洋戦争中は大いに張り切ろうとするときよく耳にもし、自分でも口に出していった記憶がある。愛妻にそう説かれ、きっぱりと「三途の川で待っている」といわれては、重成も必死の闘いをしないわけにはいかなかったであろう。

また、母から息子への遺書では、元禄十五年の赤穂浪士関係に何通か見出せる。原惣右衛門の母のものは比較的よく知られているようであるが、ここでは近松勘六の母の遺書をご紹介しておこうか。近江の比留田村に母とともに身を寄せていたが、いよいよ母に別れて江戸下行と決まった十月二十九日付けのものである。

……此度内蔵助殿の下知として、関東へ下り御主の仇を報いん事、元より侍の本意たるべし。尤《もつと》も母を残しての働、中々以て心残りの思ひの儘《まま》になり申すまじと、斯くは働き申すなり。母子を□ての働きを学ぶにてはあらざれども、時来りて首尾調ふ迄、必ず煩なく物事堪忍第一なりと、一重の衣を残しまゐらせ候まゝ、折柄の形見と思ひ、其夜のはれにも繕ひあれば、此上の事ども、必ず必ず内蔵助殿を親と思ひ、孝をなし忠義の刃に死ぬる身の菩提を弔ひ給ひかし。申残さん事夥多にて船にも積むべき事あれども、最期を急ぐ輪廻《りんね》の眼くらみ、筆の立ども覚束《おぼつか》なく、あら〳〵申残しまゐらせ候。かしく。

十月二十九日　　　　　　　　　　　　母　書　置

近松勘六どのへ

言いたいことは船に積むほどもあるが、いまは繕った衣を形見とし、それを晴れて討ち入りの日には着てほしい、と母はいう。この母ありてこの子ありで、勘六の討ち入り当夜の働きは天晴れなものであった。泉水の傍で清水一学（史実では山吉新八）と戦い、池に落ちて怪我をしている。引き揚げでは新橋付近から駕籠に乗らねばならぬほどであったという。いずれにせよ、昔の女性の精神はきりりっとしていた。

本書では、こうした遺書はすべて割愛することにした。少しく心残りがあるので、「あとがき」のかわりに書いておく。

もうひとつ、だれもがこれぞ最高という手紙を書くことがある。恋文である。これを全然取り上げないのは画龍点睛を欠くというものである。それでこれも「あとがき」のかわりとしてちょっとふれることにする。河盛好蔵さんの書くところによれば、フランスのある文人は恋文の作法なるものについてこう言っているそうな。

「恋文では、ペンを磨くのが普通であり、これは当然のことではあるが、孔雀の羽根で身を飾ってはならない。恋の手紙は誠実で深い愛情の真の表現でなければならぬ。その愛情の熱度と率直さが、山をも動かす信仰の情熱のごとく、相手を説き伏せ、その心を動かす何かをそのなかにふくんでいなければならない」

さて、恋文でただちに想起されるのは、谷崎潤一郎がのちの谷崎夫人根津松子にあてたきわめて当然のことながら、まず誠実でなければならない、には同感である。

*

た昭和七年十月七日のそれである。長文なので、出だしのところだけを。

御主人様、どうぞ〳〵御願ひでございます。御機嫌を御直し遊ばして下さいまし。

ゆうべは帰りましてからも気にかかりまして、又御写真のまへで御辞儀をしたり掌を合はせたりして、御腹立ちが癒えますやうにと一生懸命で御祈りいたしました。眠りましてからもぢつと御睨み遊ばした御顔つきが眼先にちらついて恐ろしうございました。ほんたうにゆうべこそ泣いてしまひました。取るに足らぬ私のやうなものでも可哀さうと思召して下さいまし。何卒御慈悲でございますから御かんべん遊ばして下さいまし。外のことは兎も角も私の心がぐらついてゐると仰つしやいましたことだけは思ひちがひを遊ばしていらつしやいます。それだけはどうぞ御了解遊ばして下さいまし。そして今度伺ひました節にはたつた一と言「許してやる」とだけ仰つしやつて下さいまし。

松子夫人との出会いは「運命的」とされているが、大谷崎のマゾヒスティックなこの徹底した低姿勢ぶりには、書き写していながらこっちの方が照れくさくなってしまう。もっとも、『盲目物語』『春琴抄』『細雪』など、松子夫人なくしては書かれなかった作品であった、ということを考えると、夫人のなかに「永遠の女性」をみた谷崎には少しもおかしいと思うことなく、「御主人様」とよび、「御睨み遊ばした御顔」と書くことができたのであろう。

それに「ラブレターの基本は、自己卑下と対象礼讃」によって書かれるもの。「僕はあなたの召使いです」「あなたは私の女神です」なんて、あとで突きつけられたら返事に窮する文章を綴ったりするのが常である。大谷崎もまた然り、と思えば、むしろ微笑ましいというものか。

少々それとは違う書きっぷりを示しているのが、歌人の若山牧水である。明治四十四年にのちの夫人の太田喜志子と逢う。手紙は翌年四月二十七日付けで出されたもの。しかも、この八日後にふたりは結婚している。これも長文なので、そのほんの一部を。

大分公然となつた今日だから、出ると言つてもとてもすなほにあなたを出してよこすことをばあなたの家でしますまい。その時は、それをけつく幸ひにして、破壊的行動をあなたに執つていただき度いのです。／あなたをせんどうするのでは決してありません。それがいま我等の執らねばならぬ唯一のみちであるからです。いやに、異様な言をなすやうですが、私は寧ろあなたの背後に、あなたに関係した一切の者の存在することを厭ひます。無論、これは嫉妬の心持も、よほど含まれてゐるでせう、（言つておきますが、私は非常に嫉妬深い性です。）ですが、単にそれのみでも無い、私共二人の生を強固にし、濃密にする一方法であると思ふのです。直接に言へば、親をお棄てなさい、兄弟をお棄てなさい、唯つたひとりのあなたとおなりなさい、と斯ういふのです。／承諾しますか、私はもうあなたに猶予を与へません。

作家や詩人の恋文は、一般に、なかなかに口説き上手である。が、どこかに読者を意識しているところもないわけではない。いってしまえば、老獪なんであるが、大谷崎と牧水のそれにはそうした臭みがまったくない。牧水の「親も兄弟も棄てなさい」なんて堂々としている。基本である誠実と情熱とに充ち充ちている。

ほかにも引用したい恋文はいくつかある。それよりも先に、夫子自身の恋文も公開せよといわれる前に、今回はこれでやめておく。

＊

それと、蛇足ながら一言。手紙作法のイロハについてであるが、まず宛名を間違えるのはいちばんの失礼、と心得られたい。前略、冠省などと書いたあと、季節の挨拶やをする人がいるが、これはおかしい。そのための前を略すでありカンムリを省くんである。普通は、拝啓ではじめたら、敬具、敬白、拝具などで結ぶ。謹啓なら謹言、謹白、頓首がよろしかろう。前略や冠省には草々、不一、匆々、などと横町の隠居的な〝訓話〟を書くのは、本書をつくってくれた熱心な編集者の出石詩織さんに尋ねられたからである。これでも彼女へのお礼のつもりである。

＊

とりあげた二十二人のうち八人（日蓮、淀どの、大高源五、佐久間象山、坂本龍馬、乃木静子、山本五十六、香淳皇后）は本書のために新しく書き下ろした。ほかの十四人は村山香苗さんにせっつかれながら、富士総合研究所発行の月刊誌『Φ・ｆａｉ』に、一九九九年一月号より十二月号まで任意に書いて連載したものである。今回はそれらをほぼ年代順に並べ変えた。

雑誌連載時には、限定された枚数のうちに何とか人間像を描きだすべくつとめたが、かなり難儀な仕事であった。そのために肝腎の手紙を全文ではなく抜粋せねばならず、といって今回も充分に手を入れている余裕もなく、そのままという仕儀に相なったことを、あらかじめお詫びしておく。それ以上に、読みやすくするために（そのままではとても現代人には読めないので）、句読点をほどこし、かなを漢字に改め、また常用漢字にするなど、ほとんどの手紙に不作法な手前勝手な手入れをあえてしている。文献的には参考にならぬことをお断りしておく。でも、手紙の内容はいっさい改変したりしてはいない。

参考文献は別にあげた。著者ならびに出版社にお礼申しあげる。

二〇〇〇年八月

参考文献

池田弥三郎『日本人の手紙』（白馬出版）
石田瑞麿『親鸞とその妻の手紙』（春秋社）
魚澄惣五郎『手紙の歴史』（全国書房）
岡本良一『戦国武将25人の手紙』（朝日新聞社）
北嶋廣敏『手紙の中の人間模様』（グラフ社）
桑田忠親『戦国武将の手紙』（人物往来社）
同『太閤の手紙』（文藝春秋新社）
同『信長の手紙』（同右）
同『女性の名書簡』（東京堂出版）
小松茂美『手紙の歴史』（岩波書店）
澤田ふじ子『火宅往来』（廣済堂出版）
嶋岡　晨『坂本竜馬の手紙』（名著刊行会）
高橋宗重郎『日本名翰集』（厚生閣）

田辺聖子『小町盛衰抄』（文藝春秋）
中西　進『非凡者　光と影』（時事通信社）
二木謙一『戦国武将の手紙を読む』（角川書店）
奈良本辰也「吉田松陰」（奈良本辰也編『幕末志士の手紙』學藝書林）
駒　敏郎「佐久間象山」（同右）
楢林忠男「坂本竜馬」（同右）

〝傾斜〟

半藤末利子

何年ぶりであろうか。その日、私が文藝春秋を訪れたのは、阿川佐和子さんと対談をするためであった。

対談を終えると、夫の昔の仕事仲間が、何人か待っていて下さった。御挨拶を交しながら、皆でエレベーターを降りてきた。ビルの入口附近のホールの壁に、引き伸ばされた五、六枚の夫の写真が、ずらりと横一列に並べて貼られていた。その辺りでよく夫と待ち合わせをしたことがあったので、ふいに懐かしさが込み上げてきて目頭が熱くなった。夫が「おまたせ」と言ってエレベーターから降りてくるような気がしたのである。

夫が文春に勤めていた頃、たまには外食をしようという時には、大抵この辺りで待ち合わせていた。「どこへ行く？ 何が食べたい？」と夫が訊き、「何でもいい」と私が答える。料理することは嫌いではなかったが、〝毎日やる〟そう〝毎日やらねばならぬ〟から時には解放されたかったのだから、実際のところ特別にこれでなくてはならないというほどの御馳走はなかったのである。

若い頃は「お寿司」とか「中華」とか食べたいものを知らせてから、二人して社屋を後にして薄暗くなった夜の街へと出て行くのが常であった。

一通り皆さんとお話したら、児玉藍ちゃんが、「末利子さん、今、半藤さんのお手紙の御本を復刊しているところなんです。半藤さんがあとがきに『夫子自身の恋文も公開せよといわれる前に、今回はこれでやめておく』とお書きになっていらっしゃいます。末利子さん、半藤さんから沢山ラブレターをおもらいになったでしょう。全部とは言いません。そのうちの一通をお貸しいただいて、何かそれについての文章を書いていただけないでしょうか」

と真剣な顔で問う。

「ラブレターねえ。一時期は沢山あって箱に入れて取っておいたんだけど、彼、若い頃、引っ越し魔だったのね。重くて邪魔でしょうがなかったし、何回目かの引っ越しの時に、丁度その頃、彼が私に珍しくも反抗したので頭にきて、エイヤッとばかり捨てちゃったのよ。無いんだからしようがないわね。文章も何も書けやしない」

と答えたら、可愛い顔をしているのに藍ちゃんはなかなかしぶとい。

「何か少しでも憶えていらっしゃいませんか」

と食い下る。彼女は以前私の『漱石の長襦袢』という著書を作って下さった恩人である。徒《あだ》や疎《おろそ》かにはできない。

そう言えば、彼はラブレターの中で盛んに傾斜という言葉を使っていた。たとえば、「あなたに傾斜する僕の気持を抑えることはできません」とか、「あなたに傾斜する僕の思いは留まることを知りません」とか「あなたへの傾斜は強まるばかりです」などなど……。

傾斜って傾くことでしょう。私に傾いているということは、要するに私に惚れているってことなんでしょう。丸っこいような、角張っているような独特な彼の字の〝傾斜〟を、結婚するまで何回見せられたことか。私は結局、この熱烈なる〝急傾斜〟に不覚にも足を掬われて、すってんころりんと転び、滑り落ちてしまったのである。つまり、結婚を承諾してしまったのである。

（エッセイスト）

文春文庫

手紙《てがみ》のなかの日本人《にほんじん》

定価はカバーに
表示してあります

2021年7月10日　第1刷

著　者　半藤《はんどう》一利《かずとし》
発行者　花田朋子
発行所　株式会社 文藝春秋

東京都千代田区紀尾井町 3-23　〒102-8008
TEL 03・3265・1211㈹
文藝春秋ホームページ　http://www.bunshun.co.jp

落丁、乱丁本は、お手数ですが小社製作部宛お送り下さい。送料小社負担でお取替致します。

印刷製本・凸版印刷

Printed in Japan
ISBN978-4-16-791727-2

（　）内は解説者。品切の節はご容赦下さい。

半藤一利
指揮官と参謀
コンビの研究

陸海軍の統率者と補佐役の組み合わせ十三例の功罪を分析し、個人に重きを置く英雄史観から離れて、現代の組織における真のリーダーシップ像を探り、新しい経営者の条件を洗い出す。

は-8-2

半藤一利
漱石先生ぞな、もし

『坊っちゃん』『三四郎』『吾輩は猫である』……誰しも読んだことのある名作から、数多の知られざるエピソードを発掘。斬新かつユーモラスな発想で、文豪の素顔に迫ったエッセイ集。

は-8-4

半藤一利
ノモンハンの夏

参謀本部作戦課、関東軍作戦課。このエリート集団が己を見失ったとき、悲劇は始まった。司馬遼太郎氏が果たせなかったテーマに、共に取材した歴史探偵が渾身の筆を揮う。（土門周平）

は-8-10

半藤一利
ソ連が満洲に侵攻した夏

日露戦争の復讐に燃えるスターリン、早くも戦後政略を画策する米英、中立条約にすがってソ満国境の危機に無策の日本軍首脳——百万邦人が見棄てられた悲劇の真相とは。（辺見じゅん）

は-8-11

半藤一利
【真珠湾】の日

昭和十六年十一月二十六日、米国は日本に「ハル・ノート」を通告、外交交渉は熾烈を極めたが、遂に十二月八日に至る。その時時刻々の変化を追いながら、日米開戦の真実に迫る。（今野　勉）

は-8-12

半藤一利
日本のいちばん長い日　決定版

昭和二十年八月十五日。あの日何が起き、何が起こらなかったのか？　十五日正午の終戦放送までの一日、日本政府のポツダム宣言受諾の動きと、反対する陸軍を活写するノンフィクション。

は-8-15

半藤一利　編著
日本史はこんなに面白い

聖徳太子から昭和天皇まで、その道の碩学16名がとっておきの話を披露。蝦夷は出雲出身？　ハル・ノートの解釈に誤解？　大胆仮説から面白エピソードまで縦横無尽に語り合う対談集。

は-8-18

（　）内は解説者。品切の節はご容赦下さい。

半藤一利
あの戦争と日本人
日露戦争が変えてしまったものとは何か。戦艦大和、特攻隊などを通して見据える日本人の本質。「昭和史」「幕末史」に続き、日本の大転換期を語りおろした〈戦争史〉決定版。

は-8-21

半藤一利・加藤陽子
昭和史裁判
太平洋戦争開戦から七十余年。広田弘毅、近衛文麿ら当時のリーダーたちはなにをどう判断し、どこで間違ったのか。半藤〝検事〟と加藤〝弁護人〟が失敗の本質を徹底討論！

は-8-22

半藤一利
聯合艦隊司令長官
山本五十六
昭和史の語り部半藤さんが郷里・長岡の先人であり、あの戦争の最大の英雄にして悲劇の人の真実について熱をこめて語り下ろした一冊。役所広司さんが五十六役となり、映画化された。

は-8-23

半藤一利
歴史のくずかご
とっておき百話
山本五十六、石原莞爾、本居宣長、葛飾北斎、光源氏……睦月の章から師走の章までちびちび読みたい歴史のよもやま話が100話！おまけコラムも充実。文庫オリジナルの贅沢な一冊。
は-8-25

半藤一利・保阪正康
そして、メディアは日本を戦争に導いた
近年の日本社会と、戦前社会が破局へと向った歩みには共通点があった？　これぞ昭和史最強タッグによる決定版対談！　石橋湛山、桐生悠々ら反骨の記者たちの話題も豊富な、警世の書。

は-8-28

半藤一利　監修・秋永芳郎・棟田　博
学びなおし太平洋戦争 1
徹底検証「真珠湾作戦」

半藤一利氏曰く「おそらく唯一の、通史による太平洋戦史」。第1巻では真珠湾攻撃から南方作戦まで、日本軍の快進撃をつぶさに描き出す。本文総ルビ付き。親子でイチから学べます。

は-8-29

半藤一利　監修・秋永芳郎・棟田　博
学びなおし太平洋戦争 2
「ミッドウェー」の真相に迫る
第2巻では、ビルマ侵攻作戦からガダルカナルを経て、中国大陸の重慶攻略作戦まで。ミッドウェーでの山本五十六苦渋の決断も描く。米有利に戦況を転換させたものは何だったのか。
は-8-30